清廉企业这样建

庞慧敏 主　编
常媛媛 副主编
王宇薇 编　著

山西出版传媒集团　山西教育出版社

图书在版编目（CIP）数据

清廉企业这样建／庞慧敏主编. — 太原：山西教育出版社，2023.6
（新时代党建小丛书）
ISBN 978-7-5703-3248-9

Ⅰ.①清… Ⅱ.①庞… Ⅲ.①中国共产党—企业—廉政建设—学习参考资料　Ⅳ.①D267.1

中国国家版本馆CIP数据核字（2023）第084399号

清廉企业这样建
QINGLIAN QIYE ZHEYANG JIAN

责任编辑	姚　萱
复　　审	刘晓露
终　　审	郭志强
装帧设计	宋　蓓
印装监制	蔡　洁

出版发行	山西出版传媒集团·山西教育出版社
	（太原市水西门街馒头巷7号　电话：0351-4729801　邮编：030002）
印　　装	山西新华印业有限公司
开　　本	850 mm×1168 mm　1/32
印　　张	8
字　　数	140千字
版　　次	2023年6月第1版　2023年6月山西第1次印刷
书　　号	ISBN 978-7-5703-3248-9
定　　价	29.00元

如发现印装质量问题，影响阅读，请与山西教育出版社联系调换，电话：0351-4729718

目录

■ 绪　论 …………………………………… 1
　第一节　清廉企业建设的重要性 ………… 3
　第二节　清廉企业建设中存在的问题 …… 5
　第三节　清廉企业的建设路径 …………… 8

■ 第一章　强化党对企业全面领导
　　　　　推进企业党风廉政建设 ………… 13
　概　述 …………………………………… 14
　第一节　把党的领导融入公司治理各环节
　　　　　 ……………………………………… 15
　第二节　从领导班子入手推进企业党风廉政
　　　　　建设 …………………………… 26

第三节　丰富企业党风廉政建设形式载体
.... 37
小　结　... 45

第二章　完善企业清廉规章制度
建立企业清廉长效机制............... 47

概　述　... 48
第一节　完善企业清廉规章制度 49
第二节　建立企业清廉长效机制 61
第三节　加强对领导班子的制度规定 70
小　结　... 80

第三章　加强企业各部门清廉治理
确保各主体责任落实................... 83

概　述　... 84
第一节　有针对性地加强企业各部门清廉
建设 86
第二节　企业领导干部带头构建"亲""清"
政商关系 95
第三节　锻造一支清正廉洁的企业员工
队伍 104

小　结 ………………………… 116

■第四章　加强企业清廉文化建设
　　　　　因地制宜开展清廉活动 ……… 119
　　概　述 ………………………… 120
　　第一节　因地制宜培育企业清廉文化 …… 121
　　第二节　丰富创新企业清廉文化载体 …… 130
　　第三节　组织开展企业清廉文化活动 …… 137
　　第四节　加强领导班子清廉文化建设 …… 150
　　小　结 ………………………… 161

■第五章　高效推进企业全面监督
　　　　　加强清廉企业监察工作 ……… 165
　　概　述 ………………………… 166
　　第一节　多主体覆盖企业监督 ………… 168
　　第二节　全链条加强企业监督 ………… 175
　　第三节　数字化提升监督质效 ………… 187
　　小　结 ………………………… 198

■第六章　推进企业加强整改治理
　　　　　保障清廉企业建设效果 ……… 201
　　概　述 ………………………… 202

第一节　科学评估清廉企业建设成效 …… 203
第二节　依法依规压实腐败惩戒工作 …… 214
第三节　以案为鉴推动企业整改治理 …… 224
小　　结 ………………………………… 238

■结　论 ………………………………… 241
■后　记 ………………………………… 249

绪论

党的十八大以来，以习近平总书记为核心的党中央统揽全局，把握大势，提出一系列治国理政的新理念、新思想、新战略，引领我国社会主义市场经济发展取得历史性成就，发生历史性变革。习近平总书记深刻指出："我国经济正处在转变发展方式、优化经济结构、转换增长动力的攻关期，经济发展前景向好，但也面临着结构性、体制性、周期性问题相互交织所带来的困难和挑战。"

党的二十大报告中指出，未来五年是全面建设社会主义现代化国家开局起步的关键时期，主要目标包括经济高质量发展取得新突破。企业作为国民经济的细胞，是创造社会财富的源泉，是经济社会得以迅速发展的关键，是现代经济关系中最重要、最活跃的主体。清廉建设是企业履行社会责任、持续健康发展的内在要求，也是企业依法合规经营、化解重大风险的重要保障。深入推进企业的清廉建设，建设政治生态清朗健康、经营管理清廉高效、干部职工清正有为的清廉国企，激活企业发展的清廉力量，才能助推经济社会高质量发展。

第一节　清廉企业建设的重要性

"风气正则企业兴，企业兴则经济强。"企业能够增加社会财富，提供大量的就业机会，承担着重大的社会责任，因此，必须加强清廉企业建设，在企业内部形成清正之风，确保企业长久发展，增强社会经济实力。

一、加强企业成员清廉教育，形成内部清正之风

推进企业廉洁文化建设，能够增强企业成员的清廉思想意识，营造风清气正的企业政治生态，以清廉企业文化引领企业健康发展。加强清廉企业建设能够对企业成员进行清廉文化教育，在公司内形成"学清廉，懂清廉，行清廉"的良好风气。一方面，清廉文化批判腐败等错误思想，纠正不正之风，有助于坚定人们的理想信念，提高人们的道德情操，对人们确立

崇廉拒腐的思想观念起到潜移默化的熏陶作用和感召作用。另一方面,加强企业廉洁文化建设,有助于减少不必要的资源支出,使企业经营效益最大化,有效地保障企业员工的合法权益,最终促进企业的全面进步与发展。总之,加强企业清廉建设,能够提高企业成员的思想道德水平,保证企业成员的实际合法权益,是符合科学发展客观规律的发展路径。

二、推动企业可持续发展,增强企业市场竞争力

清廉是企业的生产力、竞争力,也是企业的生命力。加强清廉建设能够推动企业可持续发展,促使企业将清廉建设转化为市场竞争优势,不断帮助企业增强市场竞争软实力,助力企业的可持续发展,使企业走上稳定的高质量发展之路。随着我国企业规模的不断壮大,企业内部逐渐出现了管理制度和监督机制不够完善等现象,在一定程度上干扰和破坏了良好的商业环境,也制约了经济的健康发展。清廉企业建设永远在路上,企业积极完善管理制度,为清廉企业建设提供制度引领,落实清廉建设中各主体的责任,要求企业成员紧抓清廉建设的中心任务,不断加强企业的监督检查工作,可以有效改变管理制度和监督机制不够完善的现象。此外,企业在完善腐败风险防范举措以及营造良好的清廉文化氛围等方面发力,也可以让

清廉建设真正落到实处、落到细处。

三、推动社会经济发展，促进社会和谐

党的二十大报告指出，未来五年是全面建设社会主义现代化国家开局起步的关键时期，其中经济高质量发展取得新突破是要实现的主要目标。加强企业清廉建设是实现科学发展的内在要求，是推动社会经济发展、促进社会和谐的驱动力。企业高质量发展事关社会经济高质量发展，各企业应完善企业清廉制度与规则，加强清廉文化培育，传播清廉思想，全力让清廉融入企业发展，以清廉软实力来促进企业经济效益的提高。企业的清廉建设能助力地方经济形成良性循环体系，改善社会的经济发展环境，从而推动地方经济创新发展，实现转型升级。

第二节 清廉企业建设中存在的问题

中国共产党中央纪律检查委员会向中国共产党第二十次全国代表大会的工作报告中提出："一体推进不敢腐、不能腐、不想腐，推动反腐败斗争取得压倒性胜利并全面巩固。"近年来，我国的清廉企业建设取得突出成效，在各重点企业及领域集中力量铲除腐败毒瘤。"在金融领域，果断查处违背党中央战略决策、搞权钱交易幕后交易的腐败分子。在国企领域，严肃查处"靠企吃企"、关联交易、内外勾结侵吞国有资产等问题。在煤炭资源领域，全面清查涉煤腐败，推动问题突出的地方开展专项整治。在工程建设领域，严查从立项招标到施工监理等各个环节的腐败问题。"

国家常抓不懈、紧抓不放企业腐败问题，对企业腐败问题始终保持高压态势，坚持推动清廉企业的建设。然而，由于企业腐败问题的特殊性，使得当前的清廉企业建设仍然存在一些问题。

一、注重业务绩效，轻视思想教育

由于经济效益对企业的运行十分重要，因此有些企业的领导干部将关注点更多地放在业务绩效上，忽视了思想教育与政治学习。即便企业内部有定期的清廉文化讲座活动，有些企业成员也缺乏重视，不能认真开展学习，导致清廉讲座流于形式，清廉精神不能在企业内部得到深入落实。此外，企业领导干部所处的工作岗位资金流动密集、资源丰富、诱惑众多，如果清廉意识薄弱，一不小心便会陷入腐败的泥沼之中。部分领导干部缺乏党性，思想涣散，面对同学、老乡、同事等熟人、亲人，以及身居要职的能人、名人等，往往忽视其所犯的严重错误，宽容放任，甚至参与其中，助长其气焰，带来严重的腐败问题。

二、腐败行为潜伏期长，手段隐蔽性强

企业腐败行为呈现出潜伏期较长的特点。《中国企业家腐败犯罪报告（2014—2018）》提到，国有企业家腐败犯罪的潜伏期较长，尤其是高频触犯的受贿罪、贪污罪、挪用公款罪出现了15年以上，甚至20年以上的"超长潜伏期"，这表明反腐工作中腐败案件的发现机制仍然需要进一步得到建立和完善。此外，民营企业腐败犯罪中高频触犯的罪名的潜伏期相对集中，单位行贿罪和行贿罪有近四分之一的案件潜伏期在10年以上，职务侵占罪、挪用资金罪、非国家工作人员受贿罪约九成都集中在10年以下。长达数年的潜伏性腐败行为显示出部分企业家腐败手段的隐蔽性，也侧面反映出企业反腐败建设的难度之大。

三、腐败手段新型化、智能化

当前，企业腐败手段呈现出新型化、智能化的特点。近年来，学历高、专业能力强的年轻干部逐渐成为企业的中坚力量，他们带来了崭新的发展思路、智能化的管理手段，为企业发展注入了新鲜血液。然而，部分年轻干部缺乏清廉教育，欠缺自控能力，面对其职位涉及的巨额资金流通与频繁人事往来，极易受不良社会风气影响，被错误观念裹挟，走入腐败歧途。误入歧途的年轻干部由于长期从事一线业务工作，熟悉其所在领域的业务流程，并且掌握新技术，能够利用漏洞规避监管，谋取私利。比如利用技术手段窃取计算机办公系统后台文件、利用财务报销漏洞贪污公款等，都体现出一定的专业性。

总之，企业从业人员思想上的不坚定、腐败行为的潜伏性和隐蔽性、腐败手段的新型化和智能化，使得企业反腐败存在诸多困难，复杂性较强，需要形成一套从制度到思想的清晰的反腐思路，为建设清廉企业提供完整路径。

第三节 清廉企业的建设路径

全面建设清廉企业是一项长期且艰巨的任务，涉及制度建设、流程建设、思想建设等多个方面，需要全主体落实责任、全领域推进治理、全链条加强监督。在全面建设社会主义现代化国家开局起步的关键时期,建设清廉企业要坚持党的全面领导、完善相关制度机制、落实各主体责任、加强清廉文化建设、推进企业全面监督、促进企业加强整改,进一步把握深化清廉企业建设的重要意义,助力国家经济高质量发展。

一、强化党的全面领导

在建设清廉企业的过程中,必须旗帜鲜明地强化党的全面领导。无论是推进清廉建设,还是加强企业监管,都必须在党的领导下进行,把党的政治优势转化为企业的竞争优势,把党的组织活力转化为企业的清廉建设活力。企业推进清廉建设需要在党的领导之下,充分发挥党员干部冲锋在前、示范在先的先锋模范作用,通过宣传、教育、示范,引领企业成员正确认识、积极参与清廉企业创建工作。此外,领导班子作为引领企业风气的人,更要坚定党领导一切的观念意识。企业可以将清廉建设与党员干部廉政档案结合起来,让党员领导干部习惯在监督下工作学习,习惯在制度约束中行使权力。

二、完善相关制度机制

一方面,国家应完善企业清廉建设的相关法律政策,织密"政策之网",把公私的边界尺度标识清楚,避免部分腐败分子钻政策的漏洞，尽可能做到处处有法可依，为推进清廉企业建设提供法律与政策依据。另一方面，企业应加强内部制度建设，把制度建设作为建设清廉企业的根本途径，坚持用制度管人、用制度管事、用制度管物。企业应根据自身实际情况，完善权力运行的制衡机制与内部控制机制，尽可能减少发生内部腐败的风险。

三、落实各主体的责任

企业腐败几乎能够渗透公共资源运行的全部过程，这为企业反腐败工作的推进带来了极大困难，因此，企业内部各部门应加强清廉治理，将艰巨的反腐任务落实到各个环节、各个部门、各位工作人员，紧盯重要节点、重点场所、关键岗位，为反腐工作"做除法"，有针对性地加强企业各部门的清廉建设，企业领导干部应带头构建"亲""清"政商关系，锻造一支清正廉洁的企业成员队伍。

四、加强清廉文化建设

加强企业清廉文化建设要确保各项举措深入人心，而不能流于表面，成为形式主义。首先，应根据本地区的实际情况，因地制宜地发掘清廉文化资源。其次，应积极寻找清廉文化载体，让清廉文化"看得见、摸得着"，使得清廉文化融入企业成员的日常生活之中。最后，应定期组织开展清廉企业建设活动，让企业成员真正参与企业清廉建设，将爱国爱企思想、廉洁自律思想融入主题活动之中。

五、推进对企业的全面监督

企业产生腐败的原因有很多，监督不力是其中的一个重要原因。部分企业由于内外部监管不力而陷入困境，这类案例时有发生。在当前危机与风险并存的特殊时期，应全面推进对企业的监督工作，多主体覆盖，全链条加强，数字化提升监督质效，有效提升企业防范风险的能力，防止腐败的发生，遏制腐败的蔓延。

六、促进企业加强整改

清廉企业建设必须落脚于实效，不能只停留在一场会议、一份文件、一项活动上，在找到腐败风险点后，要尽快加强整改，把腐败消灭于未发展时，避免腐败长期潜伏，最终酿成大祸。此外，清廉企业建设并非"一次性"任务，而是需要长期抓紧、长期落实的艰巨任务，要持续评估不同阶段清廉建设成效，依法依规加强对腐败问题的惩戒，以案为鉴推动企业的整改治理，持久保障企业清廉建设的效果。

第一章

强化党对企业全面领导 推进企业党风廉政建设

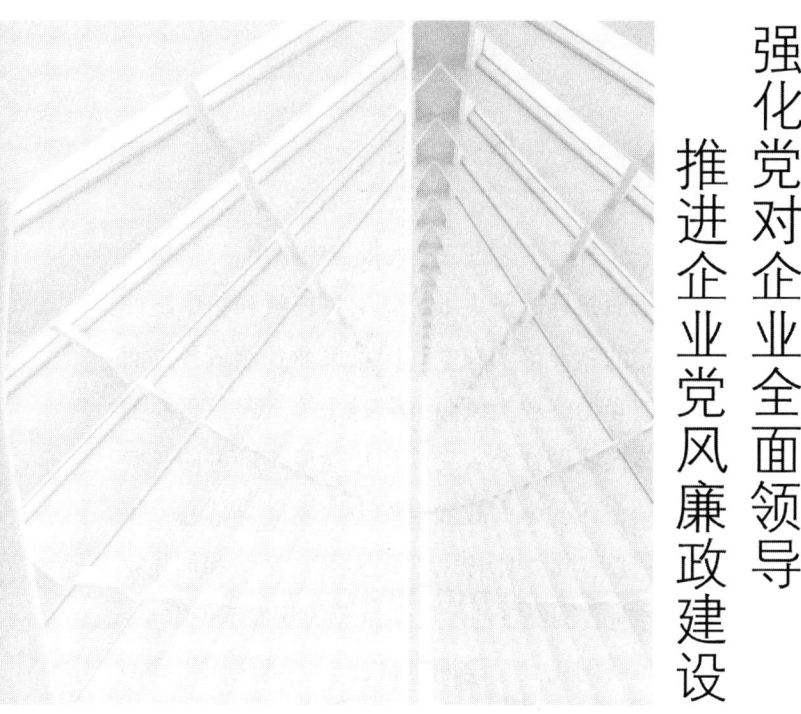

概　述

习近平总书记在党的二十大报告中指出，"坚持和加强党的全面领导。坚决维护党中央权威和集中统一领导，把党的领导落实到党和国家事业各领域各方面各环节，使党始终成为风雨来袭时全体人民最可靠的主心骨，确保我国社会主义现代化建设正确方向，确保拥有团结奋斗的强大政治凝聚力、发展自信心，集聚起万众一心、共克时艰的磅礴力量"。坚持和加强党的全面领导对我国经济的发展和企业的壮大至关重要。

当前，我国正处于全面建设社会主义现代化国家开局起步的关键时期，企业发展中存在的弊病也逐渐显露。在此情况下，加强清廉企业建设显得尤为重要。树党风，扬清风，兴企业。清廉建设能够为企业发展注入新动力，提高企业内部运行效率，将清廉正气转化为企业的市场竞争力，而推进清廉建设的根本要点就在于强化党对企业的全面领导。作为企业的

"根"与"魂",党的领导为清廉建设提供政治方向,并融入企业治理各个环节,监督企业"一把手",加强其政治定力,提高其政治觉悟。党风廉政建设能够浸入企业文化,让企业成员树立不敢腐、不能腐、不想腐的信念。

企业应持续进行清廉建设,强化党对企业的全面领导,充分发挥党组织的政治核心作用和组织领导功能,引导企业全面贯彻党的路线、方针、政策,推进企业党风廉政建设,提高企业的核心竞争力。强化党的领导具体包括以下三方面:一是推进党的领导融入企业治理,让党组织成为企业的"根"与"魂";二是提高企业领导班子的党建观念与意识,强化"关键少数"的政治学习;三是改进企业党风廉政建设的形式载体,将党建工作与清廉建设深度融合,让党风廉政建设深入企业的各个部门、各个环节。

第一节 把党的领导融入公司治理各环节

习近平总书记在2016年全国国有企业党的建设工作会议上指出,"中国特色现代国有企业制度,

'特'就特在把党的领导融入公司治理各环节,把企业党组织内嵌到公司治理结构之中,明确和落实党组织在公司法人治理结构中的法定地位,做到组织落实、干部到位、职责明确、监督严格"。推进清廉企业建设的第一步,是解决好企业存在的缺"根"少"魂"、党组织作用发挥不充分以及党建观念意识淡薄等问题。要始终坚持党的领导,把党的领导融入公司治理各环节,持续推进全面从严治党、党风廉政建设向纵深发展,努力建设政治生态清朗健康、干部职工清正有为的清廉企业。

2021年5月末,中共中央办公厅印发了《关于中央企业在完善公司治理中加强党的领导的意见》(以下简称《意见》),要求各地区各部门结合实际认真贯彻落实。《意见》对中央企业进一步把加强党的领导和完善公司治理统一起来,加快完善中国特色现代企业制度作出部署,提出要求。坚持党的领导,推进企业党风廉政建设,不仅要加强思想政治建设,而且要把清廉建设与企业的生产经营、审计监督等各个方面有机融合,真正把党的领导融入公司治理的各个环节,把党组织嵌入公司治理的结构中。

案例1　山西省经建投党委：五措并举　汇聚全面建设清廉国企磅礴伟力

（来源：《前进》杂志　2022年8月17日）

全面建设清廉企业是全面建设清廉山西的重要组成部分，也是企业长远发展、健康发展和全方位高质量发展的保障。山西省属企业华远陆港集团旗下的山西省经建投集团深刻认识全面建设清廉企业的重要意义，紧紧围绕全面建设清廉企业的工作要求，从政治建设、思想建设、加强监督三方面入手，把全面从严治党作为全面从严治企的基本遵循，把全面建设清廉企业作为全面从严治党、从严治企的重要载体，打好党风廉政建设和反腐败斗争的攻坚战、持久战。

山西省经建投集团始终把党的领导贯穿清廉工作全局，扎实履行党委从严治党主体责任，严肃党内政治生活，保证企业在党的领导下，扎实推进企业清廉建设。坚持把党的政治建设作为纲领不动摇，多次通过党委会、中心组学习，持续加强党的政治纪律和政治规矩教育。在贯彻党的领导的过程中，山西省经建投集团深刻领悟"确立习近平同志党中央的核心、全党的核心地位，确立习近平新时代中国特色社会主义思想的指导地位"的决定性意义，增强政治意识、大局意识、核心意识、看齐意识，坚定中国特色社会主义的道路自信、理论自信、制度自信、文化自信，坚决做到维护习近平总书记党中央的核心、全党的核心地位，维护党中央权威和集中统一领导。

山西省经建投集团积极促成思想建设深植清廉土壤，强化不敢腐的震慑，扎牢不能腐的笼子，增强不想腐的自觉。山西省第十二次党代会作出全面建设清廉山西重大部署，华远陆港党委也作出全面建设清廉国企的任务要求。在此背景下，经建投集团党委不断探索党领导下的清廉企业思想建设新途径，积极行动，拓展党的廉洁思想建设阵地，把严惩腐败、严明纪律、严密制度、严格要求同严肃思想教育紧密结合，发挥"倡廉于有形、润物于无声"的作用。开展"敬畏制度强管理、规范经营提质效"教育活动，邀请省内知名教授进行文件宣讲，规范集团领导人员和各级管理人员的经营管理行为；推动党建文化和清廉文化深度交融，通过大屏幕、宣传栏、党建简报等形式，使清廉文化在党建文化中占有一席之地，实现横向互动、纵向联动；创办"清风微视点"微信公众号，定期推送廉洁教育信息，2022年上半年共推送82个篇目，为公司构建风清气正、干事创业的良好氛围奠定了坚实的基础；有效开展警示教育，利用公司网站开设"廉政教育大讲堂"专栏，让清廉教育深植于职工的思想土壤。

山西省经建投集团不断推动党的监督融入清廉公

司治理，充分发挥党内监督的政治引领作用。中国共产党第十九届中央纪委第五次全体会议提出，推进国家治理体系和治理能力现代化，需要完善党和国家监督体系，充分发挥党内监督的政治引领作用，把监督融入区域治理、部门治理、行业治理、基层治理、单位治理之中。山西省经建投集团在建设清廉企业的过程中，为了保证公司各环节的廉洁清正，积极推动集团实现党委全面监督、纪委专责监督、党的工作部门职能监督、党的基层组织日常监督、党员民主监督的有机结合。经建设集团党委定期研究党风廉政和反腐败工作，支持纪委工作，并按季度定期听取纪委工作汇报，推动合力监督的形成，确保党委与纪委的"两个责任"相互协调、相辅相成，营造全面从严治党的健康环境，营造清廉国企建设的浓厚氛围。

山西省经建投集团从政治建设、思想建设、党内监督三方面入手，坚定地扛起政治责任，将清廉国企建设融入公司高质量发展的全过程、全链条、各环节，不断推动清廉国企建设走深走实，公司整体清廉程度显著提升，政治生态持续优化。经建设集团党委将继续坚持以习近平新时代中国特色社会主义思想为指导，按照省委指引的前进方向，进一步提高站位，创新方法，改善管理，营造氛围，以清廉国企建设为前提，在深化改革、提质增效中展现新作为。

> **案例2 浙江清廉民企建设成果凸显 党的领导激发企业清廉新动力**
>
> （来源：中共浙江省统一战线工作部官方网站 2022年7月29日）

建设清廉浙江，是中国共产党浙江省第十四届委员会作出的一项重大战略决策。其中，清廉民企是清廉浙江的最大建设单元和最具挑战性建设单元。在当前百年未有之大变局和疫情叠加冲击之下，民营企业面临的外部不确定性和不稳定性呈指数增长，而清廉民企建设正是在民营企业发展过程中不断提升其竞争力的重要抓手，也是在当前形势下助力民营经济实现新飞跃的重要途径，因此，在纵深推进清廉浙江建设，打造新时代清廉高地的过程中，清廉民企建设被作为重要单元，放在了极其突出的位置上。浙江省清廉民企建设工作自开展以来，各地和有关部门协同配合、大力推动，广大民营企业积极响应、主动探索，坚持将党的领导融入公司治理各环节，进行了可学可看、富有特色的工作实践，积累了丰富的清廉企业建设经验。

首先，浙江民企积极打造党领导下的清廉企业管理体系。打造清廉企业管理体系要处理好党组织和其他治理主体的关系，明确权责边界，做到无缝衔接，形成各司其职、各负其责、协调运转、有效制衡的公司治理机制。浙江寿仙谷医药股份有限公司形成以公司党委书记兼任纪委书记，宣传、组织、纪律检查委员会等组织健全的公司廉洁管理小组和审计委员会，主要负责组织、参与公司廉洁制度建设、公司廉洁监督管理等工作，围绕企业生产经营的中心任务和质量效益核心指标开展效能监察。浙江省万丰集团在集团党委、纪委的统一领导下，以行政管理、行政监督为主线，以党群组织监督为辅线，以事前法律防范、事中财务控制、事后审计评价、全程监察管控等专业职能部门为防线，构建了多层次、交叉式、全方位、全员性的"三线联防"清廉管理体系。

其次，浙江民企稳妥推进企业纪检组织建设。完善企业纪检组织建设能够加强党对企业的领导，夯实党内监督政治基础，贯彻全面从严治党战略部署，落实从严治党监督责任，深入推进党风廉政建设，推动企业健康可持续发展，提高企业自身的市场竞争力。浙江富通集团相关负责人表示："长期以来，集团的事业发展到哪里，党的组织就建立在哪里，党的纪检组织也同步建立。"富通集团2002年成立党的纪律检查委员会，是浙江地区最早建立纪委的非公有制企业之一。富通集团党委不断完善企业纪检工作机制，建立了企业党委统一领导、企业纪委统一组织、企业管理部门统一配合的"三统一"工作机制。此外，浙江省传化集团从1998年成立浙江省首家非公企业党委开始，就在抓好党建工作的同时积极探索开展企业纪检工作的新路子。在总结企业多年来的发展经验时，前后两任董事长都指出，"党建工作做实了，就是一种生产力"，"反腐倡廉抓好了，更是一种竞争力"。传化集团把纪检组织建设摆在重要位置，积极稳妥地推进集团纪检组织建设。

最后，浙江民企通过融合式党建激发企业清廉新动力。天通控股股份有限公司积极探索，将党建工作机制与企业生产经营深度融合，形成了"一核引领""双向发力""同心多元"等融合式党建模式。"一核引领"是指天通控股股份有限公司率先将党建写入公司章程，突出红色引领，确立党组织在公司管理中的权责和地位，实现了党建和业务的联动推进、良性互促。"双向发力"是协同发展党员和人才培养的培育体系，创新实行预备党员实践岗锻炼积分办法，树立先进典型，加快党员人才培养。"同心多元"强调充分凝聚和发挥党员力量。公司不断完善"一方为主、双向沟通、综合考评"的评价考核办法，激发党员干事的创业活力。创新开展"先锋履诺、分层破难"实践活动，党员干部带头领办年度重大项目和重难点工作任务，积极攻坚克难。紧紧围绕企业生产经营不偏离,把凝聚职工人心、提高企业效益、增强企业竞争力、实现企业的创新发展作为党组织工作的出发点和落脚点,赢得多方价值认同。

浙江省民企从打造党领导下的清廉企业管理体系、稳妥推进企业纪检组织建设、以融合式党建激发企业清廉新动力三个方面入手,将党建工作与清廉企业建设工作融合,有效推动党的领导融入公司治理各环节。在浙江省工商联开展的"浙商永远跟党走"活动中,各大浙江民企积极丰富党建形式,促进党建工作与企业经营活动相融合,使企业党组织在清廉民企建设中的作用日益凸显,促进党建优势向企业发展优势转化的渠道进一步打通,更加坚定了企业家抓好抓实企业党建的决心和信心。

案例启示

企业是国民经济的细胞,是创造利益的源泉,也是党领导的国家治理体系的重要组成部分。要把党的领导融入企业治理各环节,不断推进党的领导嵌入清廉企业治理体系、党建文化融入清廉企业建设文化。

1. 党的领导嵌入清廉企业治理体系

《关于中央企业在完善公司治理中加强党的领导

的意见》（以下简称《意见》）中明确指出，中央企业党委（党组）是党的组织体系的重要组成部分，在公司治理结构中具有法定地位，在企业中发挥把方向、管大局、促落实的领导作用。同时，《意见》明确了党委（党组）在董事会授权决策和总经理办公会决策中发挥作用的方式，强化党委（党组）在执行、监督环节的责任担当。

山西省经建投集团坚持党的领导，让党的领导贯穿清廉建设工作全局，多次通过党委会、中心组学习，持续加强党的政治纪律和政治规矩教育，推动党建工作与生产经营深度融合。

浙江省民企始终坚持"浙商跟党走"。天通控股股份有限公司率先将党建写入公司章程，确立党组织在公司管理中的权责和地位，实现了党建和业务的联动推进。浙江省万丰集团将党委、纪委融入公司的清廉管理体系，将党的政治建设作为清廉建设的首要任务。

除了将党建与生产经营深度融合外，山西省经建投集团和浙江省民企还积极推动党的监督有机融入企业监督。山西省经建投集团在建设清廉企业的过程中，将党委全面监督、纪委专责监督、党的工作部门职能监督、党的基层组织日常监督、党员民主监督有机结合，形成了党领导下的清廉企业监督体系。浙江富通集团也在不断完善企业纪检工作机制，建立了企业党委统一领导、企业纪委统一组织、企业管理部门统一配合的"三统一"工作机制,提高了企业应对廉洁风险的能力,为企业清廉建设提供了坚强的纪律保障。

2. 党建文化融入清廉企业建设文化

促进企业党建文化融入清廉企业建设文化,推进党领导下的清廉企业思想建设,将党的精神与清廉企业建设精神有机融合,能够为清廉企业建设进一步奠定思想基础,引导企业成员提高思想觉悟,增加政治判断力、领悟力、执行力,为企业清廉建设插上"思想之翼"。

山西省经建投集团主要通过邀请专家巡回宣讲企业经营管理相关规定、在公司网站设置"廉政教育大讲堂"专栏、通过微信公众号定期推送廉洁教育信息、运用宣传栏以及党建简报等宣传"党建+清廉"的有关信息等方式,使得党建文化与清廉文化有机融合,推动企业成员在思想上坚定党组织融入公司清廉治理的信念,为公司构建风清气正、干事创业的良好氛围奠定了坚实基础。

总之,坚持党的领导嵌入清廉企业治理体系,推动党建文化融入清廉企业建设文化,能够确保党组织高效融入企业治理,发挥其领导功能,促进企业治理体系的完善,提高企业成员的思想觉悟,助力企业的清廉建设。

第二节　从领导班子入手推进企业党风廉政建设

企业领导人肩负着管理企业、发展企业、落实和部署企业多种决策和战略任务的重要职责。国有企业领导人员是党在经济领域的执政骨干，是治国理政复合型人才的重要来源，肩负着经营管理国有资产、实现保值增值的重要责任。在推进建设清廉企业的过程中，要筛选一批政治素养高、党建意识强的领导干部，加强对领导干部的管理和监督，保证企业"关键核心"的清正廉洁。

具体来说，企业要从领导班子入手开展党建工作，加强领导干部作风建设，让领导干部心中有党，为建设清廉企业发挥关键的引领作用。领导干部要明确自身的重要作用和任务，加强思想教育与政治理论学习，磨炼一身过硬的党建理论素养和业务本领，发挥模范带头作用，在为国家创造经济效益的同时，推进企业党建工作落实到基层职工组织中，打造廉洁队伍，推进企业清廉建设。

案例1　中国十七冶集团：提升领导力强化执行力　打造廉洁健康干部队伍

（来源：人民网　2021年8月16日）

中国十七冶集团有限公司是一所2010年挂牌成立的中央企业，其前身是1957年便已成立的中国第十七冶金建设公司。在长期的发展过程中，中国十七冶集团始终坚持"将教天下，必定其家，必正其身"的信念，坚持对国家忠诚的企业精神，承担国有资产保值增值的光荣使命，致力打造清正廉洁的干部队伍。近年来，为了进一步提升领导力，强化执行力，该集团在党委的领导下，以党风廉政建设为龙头，持续强化各级领导班子的"一岗双责"意识，加强和规范"一把手"的党内政治生活，采取一系列措施打造清廉健康的干部队伍，取得了良好成效。

打造清廉健康的干部队伍，离不开创新选人用人机制。干部选拔任用一直是公司发展的关键所在。为了培养公平公正、党建意识强、清正廉洁的领导干部，中国十七冶集团在集团党委的领导下，主要从选任年轻干部和严肃干部选任方式两个方面入手，进行公司领导干部的选拔任用。首先，注重选拔任用专业能力强、政治觉悟高的年轻干部，为公司注入新鲜血液。为了选用一批心中有党、勇于担当、发展潜力大的优秀年轻干部，十七冶集团通过考试选拔制度来筛选人才，选拔主管级和中层后备干部。近年来，集团党委又制订强化青年干部培养计划，营造了良好的选人用人氛围。其次，不断严肃干部选任方式。集团党委几乎每年都要开展"后备干部"考试，所有即将得到提拔的干部都必须在通过多轮考试和测评后，才能具备提拔条件。要想晋升，无论是主管级还是中层干部，每位企业员工只有在满足考试资格的情况下，通过笔试和面试两个环节的考核，然后再经过一轮包括政治素质、道德品格、业绩等在内的综合测评，并经过公示，才能取得"后备干部"任职资格。在干部选拔任用的过程中，集团党委始终严肃选人用人风气，强调党建观念意识，坚持选用品德优秀、踏实肯干、清正有为的干部。考试制度能最大程度保证人才选任的公正清廉，避免"裙带关系"，也能让公司成员主动学习党的理论知识，提高政治素养与专业技能，让清廉之风从选人用人开始，吹遍中国十七冶集团。

打造清廉健康的干部队伍，离不开完善干部管理制度。一方面，集团党委始终坚持党管干部的原则，从思想建设、组织建设和党风廉政教育等多个维度强化干部作风建设，不断提高党员干部的政治判断力、政治领悟力、政治执行力，营造风清气正的发展环境，激发干部队伍的干事创业活力。另一方面，中国十七冶集团全力推行"24小时工作法"制度，即总部机关受理人、部门负责人、分管领导、总经理、董事长五个管理层级各用不超过24小时的时间，不停顿地为基层或项目办理需要解决的问题。"24小时工作法"践行了"一天也不耽误、一天也不懈怠"的中冶精神，能够形成下级倒逼上级的工作机制，明确领导干部的工作标准和岗位职责。通过完善干部管理制度，中国十七冶集团牢牢抓住了领导层这个"关键少数"的执行力建设，形成了一支素质过硬、清正廉洁、主动作为、勇于进取的干部队伍，改善了干部队伍风气，提升了干部队伍干事劲头，为推动党风廉政建设在公司开展树立了榜样。

打造清廉健康的干部队伍，离不开对干部政治素质的培育。中国十七冶集团从加强领导干部党风廉政教育和开展廉洁从业警示教育两方面入手，提高集团领导干部的政治素养。一方面，集团党委深入贯彻全面从严治党方针，不断加强领导干部党风廉政教育，加强纪律作风建设，有力地推动了集团廉洁健康地发展。以"教育+"筑牢集团"一把手"廉洁从业的思想防线，通过廉洁教育培训、廉洁提醒、典型案例剖析等方式，对党员、关键岗位人员开展廉洁教育，并以考试形式检验学习成效。另一方面，为强化集团内党员干部的红线意识和底线思维，公司纪委定期开展廉洁从业警示教育。2020年初，公司纪委制定了教育培训计划，开展了十九届中央纪委四次全会精神专题培训会。在该党建工作培训会上，不仅进行了关于企业党风廉政建设和纪律审查方面的专项培训，发放了《国有企业反腐警示录》《隐形腐败警示录》等书籍，还组织了纪检干部知识测试，以考促学，以考敦行，检验党员干部学习成效，提升其履职水平。

打造清廉健康的干部队伍，离不开对领导干部的严肃监督。中国十七冶集团在党委纪委的领导下，完善了领导班子监督体系，注重加强对干部的动态监督考核，打造"能上能下、能进能出"的干部队伍。在完善监督体系方面，十七冶集团以"制度+"健全清正廉洁的干部权力行使机制，强化纪委监督、专项整治、各环节巡察等工作机制，全面梳理分析，修补制度漏洞，努力形成长效管用的机制；以"监督+"构建阳光清廉的监督体系，加强对权力运行的监督制约，通过监督方式，落实"一岗双责"，保障不能腐的机制有效运行，打好"组合拳"，形成责任有效落实的监督合力。在加强动态考核方面，十七冶集团在对领导干部的长期监督过程中，发现部分干部出现了"在其位不谋其职"的情况。针对这种情况，十七冶集团从业绩导向、目标导向出发，加强干部动态考核与过程调整,营造"能上能下、能进能出、公开公平公正"的清正风气和企业环境,最大程度激发员工工作激情。集团党委将各项任务落实到各位分管领导,分管领导以身作则,带头给自己压任务,带头"晒业绩"。

中国十七冶集团从创新选人用人机制、完善干部管理制度、加强干部政治素质培育、严肃监督领导干部四个方面,全面加强企业领导班子的党建观念意识,提高领导班子的政治觉悟,增强领导干部的领导力、执行力,持续推进十七冶集团的全面从严治党、清廉治企工作。

> **案例2 落实"清廉景洪"国企领导人党建责任工作 深入推进景洪市清廉企业建设**
>
> (来源:中共景洪市纪委市监委网站 2021年11月15日)

自"清廉云南"建设系列工作开展以来,景洪市纪委市监委以"清廉单元"建设为抓手,按照"清廉景洪"工作的总体部署要求,指导督促全市国有企业把"清"和"廉"贯彻到企业改革发展的全过程中,不断压实国企领导人党建责任,以点带面,逐级拓展延伸清廉企业的带动作用，推动清廉企业建设向纵深发展。

景洪市纪委市监委要求强化企业的组织领导制度，让企业党支部书记履行好"第一责任人"责任，坚持"谁担职、谁负责"的原则，将责任落实到人、到岗、到位，充分发挥企业党组织的领导核心和政治核心作用，确保清廉企业建设方向正确、路径清晰。此外，景洪市纪委市监委要求选优配强"红色CEO"，实行"双向进入、交叉任职"的领导体制，把党的工作通过"领头雁"嵌入企业的决策管理。严格执行民主集中制，推进组织生活会、述职述廉、党员评议、廉政谈话、批评与自我批评等工作的落实。

为防止"第一责任人"政治觉悟降低，违背党的规章制度，景洪市纪委市监委于2021年12月增设驻市国资委纪检监察组，强化对市管企业纪检监察工作的指导，找准监督"风向标"，对国企责任人进行"把脉会诊"，让清廉赋能国企发展。驻市国资委纪检监察组聚焦国企责任人落实国家政策不到位、政治觉悟低、服务意识差、干扰掣肘、以权谋私等问题，对企业财政、国资等部门的领导干部开展近距离、全天候的监督。通过参加驻在单位党组（党委）会、常态化交心谈心等方式，全面了解"关键少数"及其他班子成员党建观念意识、履行职责、服务支持市场主体发展的情况，提醒严格落实"一岗双责"，不定期开展融入式监督检查。通过对"第一责任人"开展调研式监督，运用不定期走访、廉政谈话等形式，对国企的党组织建设、干部队伍建设和党风廉政建设等情况进行下沉式、蹲点式调研。在持续的监督之下，企业领导干部注重促成清廉企业建设与深化国企党建工作同步推进，将阳光清廉、防治腐败的要求和措施融入公司权力运行的全过程，把权力关进制度的笼子里。

景洪市纪委市监委相关负责人表示，下一步要继续督促全市国有企业将清廉企业建设作为一项长期性工作，并将建设情况纳入党风廉政建设责任制的考核内容，引导国有企业党组织适时对清廉企业建设情况进行总结提炼，及时发现工作推进中出现的新情况、新问题，把建章立制与解决问题统一起来，有力推进清廉企业建设常态化、制度化。

案例启示

领导干部是企业的中坚力量与脊梁，肩负着企业经营管理的重要职责。企业需要从领导干部入手，通过完善领导干部选任、管理、监督机制，培育提升领导干部的政治素养，打造一支廉洁健康的干部队伍，推进清廉企业建设。

1. 完善领导干部选任、管理、监督机制

从领导班子入手推进企业党风廉政建设，需要不断完善企业领导干部的选任、管理、监督机制，打造清廉健康的领导干部队伍。在领导干部选任方面，企业应积极改进领导干部选任机制，使选人用人制度更加科学规范，促进领导干部选用的科学化、规范化和民主化。此外，企业还需要重视领导干部党建观念意识的考察工作，选拔任用政治素养高的领导干部。中国十七冶集团从开展"后备干部考试"选拔制度入手来筛选人才，无论是主管级还是中层干部，都只有在全部考试结束并经过公示后，才能取得"后备干部"任职资格。这种考核制度能最大程度保证干部选拔过程的清正廉洁，并突出了党建观念意识的重要性，有助于选拔出政治可靠、立场坚定、品德优秀、踏实肯干、清正有为的优秀干部。

在领导干部管理方面，要不断加强对企业领导干部的管理，坚持党管干部原则，要求他们在其位，就要谋其职、担其责，不谋私利，增强领导干部的廉洁意识，提高他们的素质和能力，充分发挥党组织在企业管理中的重要作用与职能。中国十七冶集团党委牢牢抓住了对领导层这个"关键少数"的管理，坚持党管干部原则，要求领导干部始终坚持公司党委的领导，一定程度上提高了他们的政治判断力、政治领悟力、政治执行力，营造了风清气正的企业发展环境。

在领导干部监督方面，要督促领导干部把思想认识和主要精力统一到深化企业清廉建设、加强企业党建工作、推进企业发展等重要工作中来。要突出监督重点，整合监督力量，形成监督合力，由上至下突出"关键少数"，由点及面带动"最大多数"。景洪市纪委市监委和中国十七冶集团在清廉建设过程中，都强调要加强对领导干部的监督，及时全面地掌握领导干部的廉洁风险动态。景洪市纪委市监委通过增设驻市国资委纪检监察组，对企业财政、国资等部门的领导干部开展近距离、全天候监督，由驻在单位党委会与企业领导干部进行常态化交心谈心，全面了解"关键少数"及其他班子成员党建观念意识和履行职责的情况。中国十七冶集团则积极完善集团领导班子监督体系，以"制度+"健全清正廉洁的干部行权机制，强化纪委监督、专项整治、各环节巡察等工作机制，努力形成长效管用的机制，以"监督+"构建阳光清廉的监督体系，形成有效落实责任的监督合力。

2. 培育提升领导干部政治素养

一个政治觉悟高的领导班子，能够更好地打开企业党建工作新局面，积极投身企业党风廉政建设。企业要不断加强领导干部的政治素养教育，培育"讲政治、有信念，讲规矩、有纪律，讲道德、有品行，讲奉献、有作为"的合格党员，建设清正廉洁、勤于学习、政治素养高的企业领导队伍。

中国十七冶集团一方面加强领导干部的党风廉政教育，另一方面积极开展廉洁从业警示教育，从加强廉政教育和告知腐败风险两方面入手，不断加强领导干部纪律作风建设，有力地推动了集团的廉洁健康发展。通过廉洁教育培训、廉洁提醒、典型案例剖析等方式，对党员、关键岗位人员开展廉洁教育，积极推进党建监督和纪律审查方面的专项培训，并以考试的形式检验领导干部的学习收获，以此提升党员干部特别是"一把手"的政治素养，在党风廉政建设方面取得了较好成效。

总之，企业需要从领导班子这个"关键核心"入手，开展党建工作，推进党风廉政建设，提升清廉建设效果。既要改进领导干部的选任、管理与监督机制，也要不断培育、提升领导干部的政治素养，提高领导干部的领导力和执行力，发挥其在清廉企业建设中的模范带头作用。

第三节　丰富企业党风廉政建设形式载体

企业的健康发展依靠正确的经营思路、规范的运作机制和强大的精神动力。党风廉政建设能够通过规范制度，确保企业依法经营、规范运作，有效地防范业务风险，推动企业健康有序地运行；能够通过廉政教育使企业各级领导和广大员工树立正确的人生观、价值观，端正经营思想和经营理念，自觉坚持正确的经营方向。由此可见，抓好企业党风廉政建设是推动企业清廉建设的内在要求，企业应当积极推动党风廉政建设深入落实，不断丰富创新党风廉政建设工作的形式载体，营造廉洁的工作氛围。

在新形势下，企业要打造党风廉政建设工作的特色亮点，需要摒弃传统的党建观念意识。不能仅依托文件和报纸来传播党建知识，而是要进行与时俱进的改变，丰富创新活动形式载体。企业可以采用"党建+清廉工作"的思路，设计有创意的党风廉政活动，打造特色项目，传播企业的党建理念和清廉理念，进行多种形式的党风廉政文化学习和宣传教育，把抽象的思想教育变成可感、可触、可亲近的实在形体，培育全员参与党建、全员崇清尚廉的良好风气，不断彰显清廉之美，放大清廉之效，形成清廉之治。

案例1　清廉之风进民企　党风廉政新载体促宣传

（来源：《南宁晚报》　2022年8月14日）

民营企业是创业就业的主要领域，是推动社会发展的一支重要力量。民营企业的健康持续发展，离不开清廉文化的熏陶与浸润。长期以来，南宁市持续推进清廉民营企业建设，将清廉思想、清廉制度、清廉规则、清廉纪律、清廉文化融入民营企业发展之中，营造清明、清朗的民营经济良好生态。为了深入推动企业党风廉政教育，南宁经济技术开发区不断创新党风廉政教育的载体、丰富党风廉政教育的形式，让廉洁教育在党风廉政活动中扎根于每个企业成员的心中，让清风正气吹进南宁民营企业，浸润每一位企业成员的心田。

作为广西清廉民营企业建设教育基地，南宁经济技术开发区"两新"领域电影党校从自身优势出发，紧紧围绕"'两新'领域电影党校+电影+清廉文化"理念，以影院为载体，结合电影、戏剧、音乐等文化元素，通过党性教育课程设计、直观图片展示、红色主旋律电影展播、文艺剧目演出、先进典型展示、反面典型案例警示等主题内容，让党史学习教育从"照本宣科"变为"身临其境"。走进南宁经济技术开发区"两新"领域电影党校，丰富的红色情景话剧让企业成员接受沉浸式党风廉政教育：慷慨激昂的情景话剧《五四先锋》，展现中华民族追求民族独立和发展进步的历史时刻；震撼人心的实景表演《红船之上》，以一幕幕爱国场景体现百年建党精神；令人动容的话剧片段《江姐》，彰显红岩精神、红梅品格，以及生死考验中铸就的红色基因。除情景话剧外，沉浸式课堂"红"以实景展示、红色电影、小剧场戏剧表演等形式，全景式重现百年历程中波澜壮阔、开天辟地的历史时刻，为观众带来了一场生动鲜活、别开生面的党史学习教育。

广西盛天地影视文化传媒有限公司董事长表示，在接下来的企业党风廉政建设中，将创新打造一系列沉浸式课堂，讲好中国故事，传递中国精神。教育基地将继续发挥文化创新的功能作用，深度融合民营企业党建工作、理想信念教育、清廉教育、法纪宣传教育等内容，进一步加强民营经济相关人士理想信念和清廉文化的宣传教育。

案例2 福建安溪县供电公司:丰富党风廉政教育载体 营造"廉洁+"工作氛围

(来源:安溪网 2021年7月22日)

近年来,国网福建省电力有限公司安溪县供电公司不断深化党风廉政教育建设,以廉洁文件学习为主线,创新形式和载体,发动员工积极参与,推动廉政教育走深走实。该公司始终把党风廉政建设融入企业日常工作,将"两个责任"牢记在心中,落实到行动上,以"党风廉政教育"为主抓手,多层次、多载体营造"廉洁+"工作氛围,推动廉洁教育常态化,一体推进"三不"机制建设,维护风清气正的政治生态。

福建安溪县供电公司注重从日常生活抓起,精心打造廉政"微文化"。首先,公司纪委组织开展"廉洁一刻钟"活动,并运用小程序检验学习成果。自2021年6月23日以来,公司要求各部门结合工作会议、安全例会、早调会等场合开展活动,学习内容主要包括党纪党规解读、通报案例专题、典型案例剖析、相关文件传达等。同时每周组织员工通过小程序进行党规党纪自测自学,做到"以考促学、以考促纪、以考促廉",进一步增强学习针对性。一刻钟时间虽短,但廉政教育效果长远。通过"廉洁一刻钟"

教育活动的常态化开展，公司纪委用好"指挥棒"，使干部职工进一步提高廉洁自律意识，增强公司拒腐防变能力。其次，公司通过廉政短信、微信群消息、微故事分享等形式，"见缝插针"地开展廉政教育，为廉政建设注入"微"元素，让干部职工全方位、经常性地接受廉政文化的熏陶。

福建安溪县供电公司创新性地从员工家属入手，开展廉政亲情寄语活动。2021年7月，该公司纪委组织各党支部开展"清风清廉，亲情相伴"的廉政亲情寄语活动，公司支部委员利用开展"百名干部走千家"活动的时机，积极走访所在部门家属。在倾听家属心愿、了解员工思想动态的同时，发放廉政书签，征集家属的廉洁寄语，并由支部书记在主题党日活动中亲自发放给相应的干部职工。该公司亿兴集团安溪管理分部将写有家属廉洁寄语的书签和本人手写的廉政书签送到本部门的干部职工手中。书签中有父母对子女的叮咛，有夫妻之间的关爱，也有子女对父母的提醒。"她（他）用电，你用心，你廉洁，我安心！""亲情重如山，功名似云烟，利欲切莫恋，清廉心自安。"一句句温馨的话语，让企业员工感受到家人对自己保持清廉正直的期望和嘱托，从亲属角度出发，刮起廉政"耳边风"。廉洁亲情寄语活动以"廉"为主线，以"情"为切入点，将点滴人文关怀引入廉政机制，将脉脉亲情融注于廉政教育之中，使广大党员干部家属成为廉洁行为的监督员和思想工作的协理员，发挥了家庭的独特助廉作用，使家、企在党风廉政建设方面形成强大合力。

福建安溪县供电公司纪委相关负责人表示，公司将持续巩固发展良好的政治生态，不断创新工作思路，深化廉洁风险防控和警示宣传教育，使全员都能参与到党风廉政建设中去，共同营造"廉洁+"工作氛围。

案例启示

随着互联网的更新迭代、科技的不断发展、思想观念的多元变化，对企业员工进行思想文化教育不能只局限于内容枯燥、形式单调的说教，不断创新和丰富形式载体，成为企业党风廉政教育取得良好成效的关键。

1. 拓展企业党风廉政教育主体

过去企业的党风廉政建设大多将关注点放在企业成员身上，忽视了可以从企业成员"身边人"的角度切入，融入企业成员的日常生活，让亲情、友情融注于党风廉政教育之中，成为企业清廉建设的助推器。拓展企业党风廉政教育主体，一方面有利于企业成员更好地接受党风廉洁思想，将自身建设与企业发展融为一体；另一方面也有利于提高员工"身边人"的廉洁自律意识，推动整个社会形成爱岗敬业、廉洁奉公的良好风尚。

福建安溪县供电公司为我们提供了良好的示范案例。该公司纪委组织各党支部开展"清风清廉，亲情相伴"的廉政亲情寄语活动，发放廉政书签，征集家属的廉洁寄语。小小的廉政书签上，寄托的是亲人的期待。廉洁亲情寄语活动以"廉"为主线，以"情"为切入点，让员工家属成为企业成员廉洁行为的监督员和思想工作的协理员，发挥了家庭的独特助廉作用，使家、企在党风廉政建设方面形成了强大合力。

2. 清廉文化进生活，教育基地促清廉

企业在进行党风廉政教育时，既要推动清廉文化融入企业员工日常生活，又要注重依托地方资源打造特色教育基地，多形式、全覆盖地推动企业党风廉政教育常态化、长效化。从清廉文化进生活来看，企业可以尝试把党风廉政建设融入企业的日常工作，正如福建安溪县供电公司悉心打造的廉政"微文化"活动。该公司根据成员的日常生活,"见缝插针"地进行廉洁教育,开展创新性活动"廉洁一刻钟",通过廉政短信、微信群消息、微故事分享等形式,为廉政建设注入"微"元素,使干部职工在每日生活实践中润物细无声地提高廉洁自律意识。

除积极推进廉洁文化融入企业员工日常生活外,企业还可以依托地方或自身特色优势,打造清廉教育基地,针对性地开展党风廉政建设专项活动。作为广西清廉民营企业建设教育基地,南宁经济技术开发区"两新"领域电影党校围绕"'两新'领域电影党校+电影+清廉文化"理念,结合电影、戏剧、音乐等文化元素,通过党性教育课程设计、直观图片展示、红色主旋律电影展播、文艺剧目演出、先进典型展示、反面典型案例警示等主题内容,让学习教育从"照本宣科"变为"身临其境",新颖的形式和丰富的载体让廉洁教育在党风廉政活动中根植于每个企业成员心中,让清风正气吹进南宁民营企业。

在新的时代语境下,企业要不断丰富创新党风廉政建设工作的形式和载体,既要创新思路,拓展主体,发挥企业干部职工家属在加强党风廉政建设方面的独特作用,又要因地制宜、因企而宜,寻找契合企业成员工作生活方式的党风廉政建设方式,依托地方特色资源,打造清廉文化教育基地,不断激活清廉企业建设的内生动力,提升清廉企业建设成效。

小　　结

企业清廉建设涉及多个层面、多个环节,其中最根本的就是加强党对清廉企业建设的领导,为清廉企业建设铸魂,统领清廉企业的建设方向。本章主要聚焦于党对清廉企业建设的全面领导,针对企业党组织是否顺利嵌入公司治理结构、领导班子是否在企业党建工作中发挥了先锋模范作用、如何创新企业党风廉政建设工作从而增强清廉建设效果三个问题,从把党的领导融入公司治理各环节、从领导班子入手推进企业党风廉政建设、丰富企业党风廉政建设形式载体三个层面,对强化党对企业的全面领导,推进企业党风廉政建设作了系统全面的论述。

在清廉企业建设中,首先要推动党的领导嵌入清廉公司的治理体系,让党建与企业的生产经营深度融合,推动党的监督有机融入企业监督,明确党组织在清廉企业治理中的权责地位和责任担当。同时，不能忽视党建文化对公司治理的重要性，促进党建文化融入清廉建设文化之中，通过"党建+清廉"的方式，坚定企业成员的政治信念。领导班子在企业党风廉政建设中发挥先锋模范作用，政治觉悟高的领导干部不仅能推动企业党建工作的顺利开展，还能为员工树立学党、信党、爱党的榜样形象。企业要从领导班子入手推进党风廉政建设，一是要不断完善干部选任、管理与监督机制，严肃干部选拔方式，保证领导干部选任环节的清正廉洁，加强对领导干部的管理，坚持党管干部原则，增强领导干部的廉洁意识，不断推进对领导干部的监督，把权力关进制度的笼子里，让权力在监督之下运行；二是要提高领导干部政治素养，通过定期考核、小程序测评等方式核查学习成果，避免党建知识学习流于形式。在新时代语境下，企业要不断丰富党风廉政建设的形式与载体，鼓励企业成员的"身边人"投身企业清廉建设，时刻督促员工学习党风廉政知识，保持清廉、清醒的头脑；推动党风廉政文化进入员工日常生活，打造清廉文化宣传教育阵地，使员工在日常生活和专项活动中不断学习党风廉政相关知识，提高廉洁自律意识，为企业党风廉政建设凝聚职工力量。

第二章

完善企业清廉规章制度
建立企业清廉长效机制

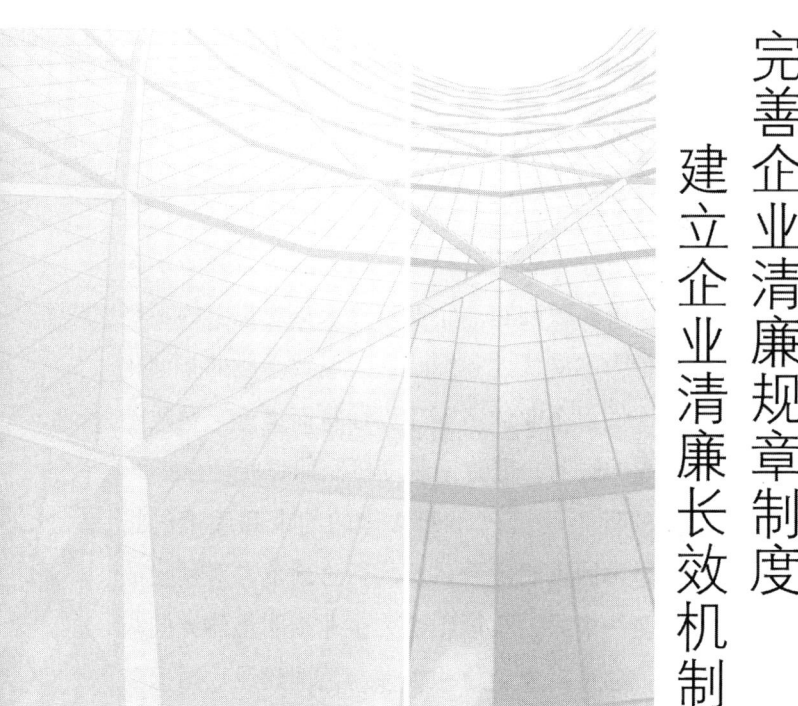

概　　述

在建设清廉企业的过程中，最大的阻力来源于企业内部滋生的腐败问题。企业从业人员思想上的不坚定、腐败行为的潜伏性和隐蔽性、腐败手段的新型化和智能化，使得企业的清廉建设任重而道远。腐败不仅源于个人的脆弱，更源于制度机制的脆弱。

企业的健康运营离不开法律的约束和政策的指导。法律是由国家制定或认可的行为规范，对社会成员具有普遍约束力。政策则能为企业指明整体方向与基本步调，动员广大企业积极参与清廉建设。国家与政府应当完善与建设清廉企业相关的法律与政策，为清廉企业建设提供法律依据与政策方向。企业要提升依法经营管理的能力水平，紧跟政策步伐，树牢清廉思维，坚守清廉底线，推进清廉工作，让清廉成为企业的生产力、竞争力、生命力。企业的健康运营离不开行之有效的长效机制的保障。完善的企业清廉机制能够对企业成员形成规范和约束，促使企业成员规范用权、秉公用权，也能够最大程度上维持企业内部的秩序，避免企业内部自乱，提高公司运行效率。企业的健康运营也离不开企业领导者的细心掌舵与清廉经营。企业领导者应当遵守国家法律法规和企业规章制度，严格遵守廉洁从业若干规定，提高清廉从业的责任感，发挥好表率作用，让公平诚信、崇廉尚洁的理念成为企业和员工的共同价值追求，促进企业健康发展。

第一节 完善企业清廉规章制度

健全清廉规章制度能够让企业从业人员明确其权利义务及责任约束，从源头上帮助企业消除腐败因素，防止企业成员误入腐败歧途。在推进清廉建设的过程中，企业应当将清廉建设与规章制度建设相结合，让清廉制度建设与各项业务工作相协同，严格遵守法律法规，坚定落实政策制度，努力实现制度管人、制度管事、制度治企。

当前，我国法治更加健全完善，各地政府不断出台与清廉企业建设相关的政策制度，为营造风清气正的企业政治生态提供了遵循和方向。企业应当在政府的引导下，一方面秉持法治观念，学习并遵守法律法规，主动遵守市场经济秩序和法治秩序；另一方面根据政府出台的相关政策，结合企业的实际情况，积极制定清廉企业建设实施方案细则，推动清廉建设的各项任务要求落地落实，守住合规合法经营的廉洁底线，为推动经济高质量发展贡献企业清廉力量。

> **案例 1** 江苏南通崇川：双向入手 打造国企廉洁法治环境
> （来源：中华人民共和国最高检察院官方网站 2017年6月13日）

为了更好地推进依法治"崇"，提高崇川区内国企的法治意识，减少企业腐败行为的发生，江苏省南通市崇川区检察院为辖区内的国有企业提供法律服务，力求形成将预防职务犯罪与企业发展融为一体的社会化预防、常态化建设、专业化防控的"一体三化"国企预防新模式，推动辖区内国企的清廉建设。

从企入手，有针对性地提供法律服务。南通市崇川区检察院主动派员深入合作国企，进行预防研究，并根据不同企业的具体情况，为其提供国企违法预防服务。在与企业建立合作共建关系的基础上，该院对合作企业预防职务犯罪的工作展开深入的调查，围绕近年来查办的国有企业职务犯罪案件，就案发特点、原因及预防对策等问题进行深入细致的预防研究，将预防国企职务犯罪工作与助推国企健康发展有机地融合在一起。在进行预防研究后，该院还积极为合作企业提供法律咨询、行贿犯罪档案查询等预防服务。目前，该院已和10家国企建立起了合作共建关系，包括与造船业巨头中远集团驻通单位保持长期沟通合作，同时与江苏海上龙源风力发电有限公司、江苏龙源风力发电有限公司、苏州龙源白鹭风电职业技术培训中心有限公司等3家龙源江苏区域公司签订了检企共建协议，为形成常态化检企共建机制奠定了坚实的基础。为了巩固检企共建机制成果，防范腐败行为在企业中滋生，推进企业清廉建设，崇川区检察院先后在南通大众燃气有限公司、江苏有线南通分公司和中石化南通石油分公司等国企中选择了对行业领域改革影响深远、具有较强警示教育意义的重大典型案件召开案例剖析会，还通过在会上送达检察建议书、督促相关单位加强风险研判等方式，确保整改措施落实到位。

从人入手，提高关键人员的法治意识。南通市崇川区检察院通过开展多种形式的警示教育和与企业干部约谈两种方式，有效地提高了国企从业人员的清廉意识，把腐败扼杀在未滋生之时。该院先后在国家电网南通供电公司、南通中远船舶工程有限公司、江苏大唐航运股份有限公司、南通大众燃气有限公司、中国农业银行崇川支行等多家央企、国企开展警示教育活动，约2000名国企干部职工接受了廉洁教育，有效地提高了国企人员的廉洁从业意识。此外，该院还经常组织辖区内的国企中层干部旁听职务犯罪案件庭审，参观警示教育基地，举办法治讲座，努力用社会化预防增加防腐倡廉的正能量。针对国企中物资采购、企业管理、工程建设等三大案件高发环节，该院利用检企共建平台，将预防关口前移，即与企业工程招投标、物资采购等高危岗位人员开展预防约谈，告知其岗位廉政风险点，提醒他们严格按照国家法律和企业规章办事，慎用手中职权，共同促进企业的廉洁经营、健康发展。

南通市崇川区检察院通过为辖区内的国有企业提供个性化的法律服务，不断排查国企清廉工作中存在的制度漏洞和风险源点,通过开展有针对性的警示教育活动,提高了国企干部职工的法律意识,有效地推动了辖区内清廉企业、法治企业建设。

案例2 浙江省交投控股集团:紧跟《意见》步伐 提升企业"三力"

(来源:浙江省交投控股集团官方微信公众号 2022年10月31日)

2018年10月,为了进一步推动浙江全省国企的全面从严治党工作向纵深发展,营造风清气正的良好政治生态,打造"清廉浙江",浙江省国资委党委出台了覆盖浙江省国企的《关于推进清廉国企建设的实施意见》(以下简称《意见》)。《意见》突出强调要把清廉国企作为战略载体,以清廉国企建设提升企业竞争力、凝聚力和带动力。浙江省交投控股集团积极学习《意见》,在微信公众号中发布解读《意见》的相关文章,力求让公司成员都能理解《意见》所提出的清廉国企建设的总体要求、主要目标和重点任务,形成齐抓共管的工作格局,努力营造风清气正的企业政治生态。不仅如此,公司还紧跟《意见》中提出的"两步走"战略目标,即到2022年浙江省交投控股集团应落实各级党组织的管党治党责任,清廉国企建设制度体系和工作机制更加严密完备,党内政治生活更加规范,党内政治生态更加纯净,反腐败斗争取得压倒性胜利;到2035年浙江省交投控股集团的清廉国企建设各项制度机制应成熟定型,有效构筑不敢腐、不能腐、不想腐的机制,让以"清"为美、以"廉"为荣的价值取向和清廉文化深入人心,全面建成清廉交投集团。围绕总体要求和主要目标,《意见》明确了清廉国企建设的四方面重点任务,并鼓励广大企业积极落实。浙江交控舟山公司将《意见》中的四方面重点任务付诸实践,从60余家参评基层单位中脱颖而出,获评浙江省交投控股集团"'清廉交投'建设成绩突出单位"荣誉称号。

《意见》中提出第一项重点任务为保持政治上的清醒与坚定,即突出政治引领,确保国企忠诚于党、听党指挥。浙江交控舟山公司从三方面入手,积极强化融合式党建,落实支部责任。首先,该公司推动党的领导全面融入公司治理,使党建工作与生产经营融合。公司梳理党支部前置研究事项23个,坚持党建和经营同向发力、全面融合,将党的领导不断具体化、制度化,有效建强了支部堡垒。其次,该公司不断优化政治生态,扛牢监督首责。公司有效协调党委的主体责任、纪委的监督责任、党委书记的第一责任以及班子成员的"一岗双责"责任,严格落实"五张责任清单",要求全员签订《廉洁从业承诺书》,切实压紧压实全面从严治党责任。最后,该公司积极打造党建品牌,实施"亮剑"行动,围绕年度重点任务带动党员攻坚克难,以高质量党建助推高质量发展。在多措共举下,舟山公司荣获"2022年浙江省十大'红色工地'优秀典型案例",舟山公司支部获评浙江省交通集团品牌党支部。

《意见》中提出第二项重点任务为构建阳光清廉的国企治理体系,即突出权力制约,将阳光清廉、防治腐败的要求和措施融入权力运行全过程,实现廉洁风险防控全覆盖。浙江交控舟山公司从共建"企地廉盟"与推进数字化监督两个角度出发,形成监督合力,有效制约了权力。一方面,该公司深化"廉盟型"共建,通过与定海区检察院、街道社区和派出所等联合开展庭审旁听、廉课讲授、普法宣传、警示教育等,达到了党风廉政建设机制共建、合作共享、共建共赢的效果,筑牢了监督合力"防护墙"。此外,公司还积极探索与合作方的"廉建机制",共同签订廉洁责任书2份,合作开展岗位廉洁风险宣讲7次,开展廉政谈话68人次;建立"青联"微信群,定期发布廉洁教育贴示、行业警示案例,提升甲、乙两方合规合作精细度;先行试点派驻监督,以巡审联动综合监督,积极探索"四责协同"运行系统化、清单化,形成齐抓共管、上下联动的强大合力。另一方面,该公司通过数字化方式,搭建起集物资材料、设施设备、人员管理等模块为一体的智慧监管云平台,发挥大数据监督分析研判、预测指导等功能,即查即销,督促整改闭环,"荷风晓庐"入选浙江智慧工地示范项目;建立线上公开平台,深化"阳光工程",公开事项22个,以晾晒透明促用权规范;推进"码上办",通过手机扫描二维码收集意见建议或问题投诉,以"小切口"深化对小微权力的监督。

《意见》中提出第三项重点任务为锻造勇立潮头的国企干部队伍,即突出队伍建设,着力打造对党忠诚、勇于创新、治企有方、兴企有为、清正廉洁的国有企业家队伍和高素质、专业化的年轻干部队伍。浙江交控舟山公司通过开展"冲锋舟"特色党风廉政项目,把一群来自不同地域、不同文化背景的员工凝聚成一个有着高度思想共识的团队,并使他们时刻保持高昂的战斗热情和强大的攻坚克难能力,坚定其廉洁自律的决心。此外,该公司定期组织经验丰富的员工为同事授课培训,内容包括工程技术、营销技巧、金融知识、党风廉政知识等，在各个方面开展"老带新"，发挥老同志的"传帮带"作用，助力青年员工成长。

《意见》中提出第四项重点任务为倡导厚德养廉的国企清风，即突出氛围环境，弘扬主旋律，常敲警示钟，推动国企在各方面做好表率。浙江交控舟山公司不断深耕清廉企业的品牌化建设，建好国企清廉"样板房"。首先，创新教育载体，组建"清风帆"志愿团队，设立"清风讲堂"，开展"清风行"，拍摄《作茧自缚》《腐弃》等清廉微视频，进一步提升廉洁文化活力和生命力。其次，通过"新桨"学习小组，开展新员工入职廉洁教育，组织"我是纪检监督员"场景体验、"廉洁家书好家风促廉"活动、法律咨询服务等，加强对员工的廉洁文化教育。最后，不断加强"廉石舟"示范点阵地打造，以"廉心如磐，清风扬帆"为主题，深化廉洁宣教。舟山公司清廉建设的这些经验被刊登在地方和省级媒体，使得企业清廉文化的辐射力进一步增强。

浙江交控舟山公司积极落实《意见》的相关要求，按照政策规定，不断强化党建引领、凝聚监督合力、打造清廉团队、创新廉洁文化，在清廉企业建设方面积累了宝贵的经验，取得了较好的成效。公司将持续推进"清廉交控"建设，奋力打造政治清朗、管理高效、干部清正的清廉国企标杆，在争创"四个标杆"的新征程中勇立潮头、奋楫远航。

案例启示

法律能够为企业的清廉建设划定底线，政策能够为企业的清廉建设指明方向。企业清廉建设既要严格遵守法律要求，依法依规助力企业更好更快地发展，还要在各项政策的指导下，结合企业实际制定实施细则，为企业的高质量健康发展提供坚强的制度保障。

1. 长鸣法律"警戒钟"

企业在推动清廉建设的过程中，要加强法治建设，提升法治意识，严格遵守相关法律规定。一方面要主动寻求法律服务，提升公司依法合规地进行经营管理的水平，有效防控廉洁风险，打造法治企业，将预防职务犯罪工作与助推企业健康发展有机融合；另一方面要着力提高企业成员的法律意识与廉洁意识，积极开展多种形式的警示教育，加强与企业干部的约谈，筑牢思想道德防线，增强拒腐防变能力，牢守清廉底线。

江苏省南通市崇川区检察院与辖区内的国有企业形成了常态化检企共建机制。针对企业，该检察院深入合作国企，对其进行预防研究，并有针对性地提供法律咨询、行贿犯罪档案查询等法律服务；选择对行业领域改革影响深远、具有较强警示教育意义的重大典型案件在合作企业召开案例剖析会，确保整改措施落实到位。针对企业工作者，该检察院积极开展警示教育，组织国企中层干部旁听职务犯罪案件庭审、参观警示教育基地、举办法治讲座；与关键环节岗位人员开展预防约谈，告知岗位廉洁风险点，提醒他们严格按照国家法律和企业规章办事，有效地提高了国企干部职工的廉洁从业意识。

2. 用好政策"指南针"

企业在推进清廉建设的过程中，要完善规章制度。一方面，要认真学习贯彻党和国家的各项方针政策，坚定落实当地政府的各项工作部署，确保相关政策规定在企业落地生根；另一方面，要根据政策指明的清廉建设方向，按照统领性政策的指导，制定明确具体的条例细则，并细化为可落实的实践方案，将清廉政策规定和企业经营管理相结合，真正做到用制度规范企业经营管理行为，提升企业清廉建设效果。

浙江交控舟山公司在《关于推进清廉国企建设的

实施意见》的指导下，认真完成各项任务，积极落实相关要求。围绕政治引领任务，把党的领导融入公司治理各环节，健全"四责协同"机制，打造党建品牌，以高质量党建助推清廉企业高质量发展；围绕权力制约任务，一方面不断深化"廉盟型"共建，与当地检察院、街道社区和派出所合作开展党风廉政建设活动，达到机制共建、合作共享、共建共赢的效果，凝聚监督合力，另一方面搭建起一体化智慧监管云平台、建立线上公开平台、推进"码上办"，运用智能手段形成监管合力；围绕队伍建设任务，开展特色党风廉政项目，定期组织经验丰富的同事为员工授课培训，发挥老同志的"传帮带"作用，助力青年员工成长；围绕氛围环境任务，不断深耕清廉企业的品牌化建设，通过创新教育载体、组建"新桨"学习小组、打造"廉石舟"示范点阵地，倡导厚德养廉的国企清风。

总之，企业加强清廉建设需要长鸣法律"警戒钟"，确保依法合规经营，需要用好政策"指南针"，确保政策规定落地生根，努力将制度的约束力与指引力转化为企业健康发展的推动力和牵引力。

第二节　建立企业清廉长效机制

在企业的经营管理中，需要不断防范廉洁风险点并填补防控漏洞，规范权力运行，加强内部清廉长效机制的建设。通过建立全面的长效机制，企业能够明确各部门、各负责人的权力与责任，有效制约权力，避免腐败乱象的出现；明确企业运营的标准流程，避免部门之间互相推诿，提高企业运营效率，促进企业的清廉健康发展。

企业内部控制机制作为企业生产经营活动自我调节、自我约束的内在机制，在企业管理系统中具有重要作用。权力制约与监督机制能够把监督执纪问责融入企业发展治理的各方面、全过程，形成监督合力，强化机制约束，确保权力在正确的轨道上运行。企业要高度重视内部控制机制和权力制约与监督机制的建设，以规范各类业务、资产经营活动为重点，明确各部门职责权限和岗位责任，做到权责清晰、运营有效。

> **案例1 完善内控机制 助推企业清廉建设**
>
> （来源：浙江省纪委省监委官方网站 2021年6月4日）

舜宇光学科技有限公司是一家有着30多年历史的国内领先综合光学产品生产企业，从1984年靠8个高中毕业生、4间平房、6万元贷款起家，到如今成为全国光学行业的"领头羊"，手机镜头销量全球第二、车载镜头销量全球第一，市值超千亿元，并连续多年进入中国企业500强榜单。舜宇集团持续发展的背后，是管理层对企业清廉建设的长期重视，清廉为企业发展注入了不竭的动力。经过常年探索，舜宇集团已经建立起一个完善的企业内控机制，由纪委（党群办）、审计部、人力资源部、办公室四个部门主抓反腐倡廉，对内严把权力关，对外维持健康的政商关系，形成了一套完整的、从制度到实操的企业内控机制。

舜宇集团打造了一套完整的制度体系，为企业内控机制的完善提供了制度保障。早在2010年，公司便出台了《反舞弊制度》，明确了对收受贿赂回扣、隐瞒交易事项、滥用职权、玩忽职守、用人不公等违规行为的惩治举措。根据内控形势需要，企业又先后设立了审计部、纪委、监察科等职能机构，出台了《廉洁从业若干规定》和《员工奖惩管理办法》，实现了廉洁从业内控全覆盖。

舜宇集团严把权力关，抓住关键岗、关键人，营造清廉从业环境。在关键岗位方面，采购作为企业风险管控中重要的一环，一旦发生腐败行为，将给公司带来巨大的损失。舜宇集团下属10多家子公司，一年有上百亿的采购和销售，无论是管理层还是普通员工，都或多或少掌握着某种"权力"。如果因为个人私利，允许供应商抬价，哪怕单件只高出几元几角，对企业造成的恶劣影响都是难以消除的。为此，自2007年起，公司针对董事、高管的关联方开展交易申报审查。2015年，公司把关联方交易的申报审查范围扩大到所有中层管理人员和敏感岗位员工。对于物资采购、产品销售等关键敏感岗位的员工，公司则要求工作满3年必须轮岗。由于特殊原因需要继续留在原岗位任职的，经公司主管领导批准后，最多也只可延期1年。除了严把关键敏感岗位关，公司还紧抓关键人员。公司推行干部任职回避制度，将反腐倡廉作为一票否决项纳入各子公司年终考核；通过董事长亲自上清廉建设课、对标学习华为清廉建设等系列活动，倡导诚信正直的企业文化，加强员工的廉洁职业操守。在与政府的交往中，舜宇集团数十年如一日地坚持政府部门工作用餐接待制度，严格执行对公职人员和一般客户一视同仁的原则，不搞宴请，不超标准接待。据统计，目前公司内部接受关联方审查副部以上管理人员已近万人次，重要岗位的贪腐案例数至今保持为零。仅2020年，这些清廉制度就为舜宇集团节约了千万级别的费用开支。

严格的内控反腐机制，完善的内控制度，对权力的有效束缚，这一切都是舜宇集团在行业内保持加速前进的"廉动力"，也为当地企业树立了清廉企业建设的榜样，推动了当地企业的清廉建设。

> **案例2 构建权力制衡与监督长效机制规范国企权力运行**
>
> （来源：浙江省纪委省监委官方网站 2022年5月26日）

2021年，平湖市纪委监委查处了平湖市水务投资（集团）有限公司的一系列腐败案件，在全市企业中形成了强大的震慑力。为充分发挥审查调查的治本功能，推动建设"清廉平湖"，该市纪委监委积极做好水务集团系列腐败案件的"后半篇文章",要求当地国企进行"大整改",从违纪违法多发的工程领域切入,构建起不敢腐、不能腐、不想腐的权力制衡机制与监督长效机制。

出台一个规定,加强对国有企业权力运行的制约和监督。平湖市纪委监委出台《关于加强对国有企业工程领域权力运行制约和监督的若干规定》(以下简称《规定》),对工程开展的各个环节,从工程前期的立项、中期的施工管理,再到后期的工程竣工验收、审计结算都进行了详细规定,让每一个步骤都有章可循、有规可依;对工程相关的各个部分,从国企公职人员的廉洁自律要求,到工程领域权力运行制约和监督机制,让每一个部分都紧密相接、层序分明,为督促全市各级国有企业规范用权、秉公用权提出了意见,具有指导性强、针对性强、实操性强的显著特点。《规定》对工程领域前期管理、施工管理和竣工管理三个环节中的权力运行风险点都——进行了梳理,从前期管理中"对必须公开招标的工程进行肢解、拆分,以此规避公开招标程序",到施工管理中"明示或暗示参建单位转包、违法分包工程建设项目,或指定生产商、供应商、服务商、工程材料品牌等",以及竣工管理环节中"明示或暗示第三方结算审计单位，出具不全面甚至不真实的审计报告"等16个廉洁风险点和违纪违法案件多发点，都进行了集中罗列，不仅实操性强，而且可复制性高，可适用于全市工程领域的项目管理，有效地推进了平湖市国企不敢腐、不能腐、不想腐的清廉建设。

打造一套监督体系，推动企业清廉建设与整改。当地国企在党建的统领与《规定》的指导下，致力构建大监督体制，形成权力运行监督链条。平湖市纪委结合近年来查处的国有企业严重违纪违法案件中暴露出来的和在日常监督检查中发现的问题，从完善项目前期管理机制，到完善工程项目管理机制，再到完善工程竣工验收管理机制，进一步建立健全了各环节决策、执行、监督全链条闭合的权力制衡与监督体系。此外，当地纪委还进一步明确完善了国有企业、国有控股企业出资建设或代为建设的工程的各个管理环节、制约监督机制、各个纪检监察部门的职责，着力推动形成查处一案、教育一片、规范一类的良好效果。当前，该监督体系正在平湖市国企中发挥着实际功效。在平湖市毓秀路北侧安置房（北区）工程建设过程中，平湖市城市发展投资（集团）有限公司纪委通过听汇报、查资料、看现场、问责任人等方式，对该工程开展专项监督检查，现场提出整改意见。根据整改意见，工程建设方进一步加强工作人员廉洁教育，营造清廉企业建设氛围。

构建一个智治平台，推动权力制衡与监督体系的数字化建设。在当前数字化建设的趋势之下，平湖市各级国有企业、国有控股企业积极推动构建数字化智治体系。接下来，该市将积极探索"互联网+监管"的工程领域数字平台建设，充分运用云计算、大数据等技术整合工程建设信息资源，建成工程管理和廉政风险防控平台，运用数字化、信息化手段防控工程廉洁风险。

平湖市以完善权力制衡与监督体系为推进清廉国企建设的重要抓手，通过出台相关规定，打造监督体系，构建智治平台，使清廉成为企业发展的重要竞争优势和形象"新名片"。

案例启示

机制建设是规范权力运行、强化自我监督、净化政治生态的有力抓手。企业要从完善内控机制和完善权力制衡与监督机制入手，建立健全清廉长效机制体系。

1. 完善内控机制

近年来,我国清廉企业建设不断推进,取得了较好的发展成绩。但是也要看到,一些企业依然存在内部管理不规范、廉洁风险防控能力较弱等问题,迫切需要加强对清廉长效机制的建设。企业可以通过出台、完善相关制度规定,紧抓建设与生产经营关键点,建立严格的内控反腐机制,为廉洁经营提供机制保障,提高企业运行效率,节约公司运营成本,将清廉转化为企业发展的推动力。

舜宇集团通过建立由纪委、审计部、人力资源部和办公室四个部门主要负责的企业内控机制,形成了一套从制度到实操的、完整的内控机制。舜宇集团2010年便出台了《反舞弊制度》,随后根据内控形势需要,又出台了关于企业员工与领导干部廉洁从业的相关规定制度,为内控机制的建立奠定了良好的制度基础。此外,舜宇集团还从生产经营的关键点入手,抓住关键岗、关键人。在关键岗位方面,抓住了采购这一承担着重大风险的环节,要求物资采购、产品销售等关键敏感岗位的员工,工作满3年必须轮岗。在关键人员方面,推行干部任职回避制度,由董事长亲自上清廉建设课,严格执行对公职人员和一般客户一视同仁的原则,加强员工的廉洁职业操守。

2. 构建权力制衡与监督机制

建立完善的权力制衡与监督机制，是防止权力滥用的基本保障，也是防范化解企业腐败及其他重大风险的重要举措。企业要加强对权力运行的监督、规范和制约，构建科学合理、权责一致的权力结构和相互协调的制约机制，形成规范有序、公开透明、约束有力的运行机制，确保权力规范有序地运行。

平湖市纪委监委要求当地国企进行"大整改"，从出台相关制度、完善监督体系和打造智治平台出发，构建起了不敢腐、不能腐、不想腐的权力制衡机制与监督长效机制。在制度方面，出台了《关于加强对国有企业工程领域权力运行制约和监督的若干规定》，对企业中工程开展的各个环节和工程相关的各个部分都作出了详细规定，为督促全市各级国有企业规范用权、秉公用权提供了指导性意见。在监督体系方面，当地国企致力构建大监督体制，形成权力运行监督链条，进一步健全决策、执行、监督全链条闭合的权力制衡与监督体系。在构建智治平台方面，平湖市各级国有企业、国有控股企业积极推动权力制衡与监督体系的数字化建设，探索"互联网+监管"的工程领域数字平台建设，建成工程管理和廉政风险防控平台，运用数字化、信息化手段防控工程廉洁风险。

机制建设是清廉企业建设的关键环节，也是一项系统性的工程。企业必须把握当前形势下面临的主要矛盾和问题，加紧完善内控机制和权力制衡与监督机制，为企业健康发展提供机制保障。

第三节 加强对领导班子的制度规定

领导干部在企业中发挥着举足轻重的作用，是企业的"龙头"，是各项工作的组织者和领头人，其清廉与否既是对领导干部个人品德、职业道德和诚信体系的重要考验，也是企业能否顺利推进清廉建设的基本前提，直接影响企业能否实现清廉可持续发展。加强企业清廉建设，必须加强对领导班子的制度规定，筑牢拒腐防变的制度防线，坚持以严格的标准要求干部、用严厉的措施管理干部、以严密的规定约束干部，督促领导干部立足本职岗位，在规定的范围内行使权力，不越雷池半步，不踩红线半分，在任何时候、任何情况下都不以任何形式参与任何有损党和国家利益以及企业利益的活动，以实际行动做好企业清廉从业的表率。

《廉洁从业承诺书》作为企业成员廉洁从业、清廉办事的保证，一方面能够在思想上提高领导班子的觉悟，促使其规范地行使权力，做清廉企业家，另一方面其中的违诺责任承担条款也能够对企业领导者形成行动上的约束，在领导干部违诺时对其起到惩戒作用。为深入推进企业党风廉政建设和清廉工作，维护国有资产安全，强化对企业领导人员的监督，《国有企业领导人员廉洁从业若干规定》在2004年中共中央纪委、中共中央组织部、国务院监察部、国务院国资委联合发布的《国有企业领导人员廉洁从业若干规定（试行）》基础上进行修订，以国有企业领导人员廉洁从业为重点，要求国有企业领导人员遵守"干净"的从业标准，做到不想腐、不敢腐、不能腐，切实把其思想和行动统一到建设清廉企业的工作中来。企业应积极组织领导干部签订承诺书，加强对规定学习的落实，使领导干部作为廉洁模范助力企业营造风清气正的廉洁从业环境。

案例1　清廉中泰：中泰集团党委组织集团领导干部签订《廉洁从业承诺书》

（来源：中泰纪检官方微信公众号　2022年6月2日）

2022年6月，中泰集团党委组织各单位开展签订《廉洁从业承诺书》活动，从而进一步加强集团党风廉政建设，建设和完善具有中泰特色的廉洁风险防控体系，强化对关键少数、重点领域、重要岗位、重点人员的组织监督和群众监督，增强领导干部廉洁从业意识和自律意识。

就内容来看，《廉洁从业承诺书》涵盖严格遵守党纪国法、遵守中央八项规定及其实施细则精神、遵守国家和企业保密规定、忠实履行岗位职责、正确行使职权、不在企业活动中弄虚作假以及树立良好家风等11个方面，以企业监督管理上的薄弱环节为切入点，以改进干部作风为突破口，突出选人用人、物资采购、资金管理、项目建设等重点，使廉洁文化渗透到生产经营管理的各个领域、每个环节。

就目的来看，签订《廉洁从业承诺书》旨在时刻提醒党员干部忠诚履职、廉洁自律，自觉地构筑拒腐防变的思想防线，自觉抵制工作生活中的各种腐败现象，为集团营造风清气正的环境起到积极作用。

就重要性来看，《廉洁从业承诺书》的签订，使得企业广大党员干部和关键岗位人员充分认识到廉洁从业的重要意义，增强了从业履职的神圣感、责任感。此外，《廉洁从业承诺书》的签订也促进了关键岗位人员自我防范意识的增强，促使其自觉加强作风建设，抵制不廉洁行为。

除了签订《廉洁从业承诺书》，中层以上领导干部还需要在述职述廉、民主生活会、组织生活会中说明履行廉洁从业承诺的情况，关键岗位的工作人员还应在工作总结或组织生活会中说明履行廉洁从业承诺的情况，接受党员干部和群众的监督。

案例2　规定助力保利集团领导班子廉洁建设

（来源：保利四川投资发展有限公司官方微信公众号　2020年9月3日、2021年9月18日）

保利四川投资发展有限公司为了深入开展党风廉政建设，进一步增强公司广大党员干部职工的廉洁从业意识，于2020年9月组织广大党员干部深入学习领会《国有企业领导人员廉洁从业若干规定》（以下简称《规定》)的相关精神,并在2021年将《规定》精神转化为具体实践,以实际行动践行了《规定》对企业领导人员廉洁从业的要求。

  2020年9月,保利集团在微信公众号发表文章《廉洁微党课(四)》,深入学习《规定》,普及《规定》的主要内容、适用对象、总体要求,并开设重点解答、以案为诫和自我检测三个专栏,促进学习者落实所学的《规定》内容。该文章主要对《规定》中"廉洁从业行为规范""实施与监督""违规行为的处理"三个部分展开讲解,并对"如何理解不得'违反决策原则和程序决定企业生产经营的重大决策、重要人事任免、重大项目安排及大额度资金运作事项'""如何理解'不得授意、指使、强令财会人员进行违反国家财经纪律、企业财务制度的活动'""如何认识'不得未经履行国有资产出资人职责的机构和人事主管部门批准,决定本级领导人员的薪酬和住房补贴等福利待遇'""如何认识不得'未经批准兼任本企业所出资企业或者其他企业、事业单位、社会团体、中介机构的领导职务,或者经批准兼职的,擅自领取薪酬及其他收入'""如何理解'国有企业领导人员应当正确行使经营管理权,防止可能侵害公共利益、企业利益行为的发生'中,对国有企业领导人员为配偶、子女及其他特定关系人提供利益行为的限制""如何理解不准'按照规定应当实行任职回避和公务回避而没有回避'"六个问题进行了细致解答,促进学习者更好地理解《规定》的精神。为了让学习者从实际案例中感悟《规定》的要求,文章对上海仪电控股公司、光明食品有限公司、交通银行发展研究部、中国贵州茅台酒厂有限责任公司、江苏省响水县港城建设发展有限公司五所公司中领导干部的违法行为进行了举例说明,以案为诫,筑牢领导班子拒腐防变的思想防线。文章最后通过八道选择题对学习者的学习成果进行检测,运用小测验来帮助学习者掌握所学内容。

保利集团运用公众号文章促进广大党员干部学习《规定》内容,旨在引导公司领导干部立足本职岗位,牢固树立纪律红线意识,增强自我约束力。本次廉洁微课堂的学习为加强党风建设,促进廉洁从业,推动学廉、讲廉、践廉、述廉,营造了良好的氛围,推动了企业清廉建设,打造了风清气正的廉洁从业环境。2021年,保利集团纪委将《规定》精神付诸实践,设置党风廉政宣教月,在中秋、国庆"双节"来临前夕,组织开展党风廉政宣教月集体廉洁提醒谈话,要求公司党委干部及领导班子成员现场参加谈话,并观看廉洁警示教育宣传片，进一步加强公司干部廉洁教育，引导广大干部筑牢崇廉拒腐的思想道德防线。

在廉洁提醒谈话中，公司纪委要求领导班子从以下三方面做起，积极落实《规定》精神。一要强化廉洁责任意识。要求公司领导班子和中层干部认真履行党风廉政建设职责，认真贯彻执行党风廉政建设责任制，将其看作一项重要的政治任务来完成。公司领导班子和中层干部作为公司运营的中坚力量和高质量发展的中流砥柱，是公司稳健经营、健康发展的组织者、引导者、执行者。这就需要领导干部在履行职责时认真落实"一岗双责"要求，既要抓好生产经营工作，也要履行好党风廉政建设的职责。二要增强拒腐防变能力。公司领导班子应持续认真学习《规定》和公司规章制度，确保学深悟透，将纪律要求牢记于心，不越雷池、不踩红线，营造风清气正的工作环境。三要以身作则，做保利集团员工队伍的清廉标杆。领导干部要严以律己、率先示范，做清正廉洁的模范，既要学习在前、工作在前，又要守规在前、遵纪在前。部门负责人在保证自己做廉洁表率的同时，还要监督好部门全体同志；领导干部在管好自己的同时，还要管好配偶、子女和亲属，不要让节日的人情往来模糊了界限，破坏了防线。要站在讲政治、讲党性、讲大局的高度，敢于坚持原则，勇于担当，敢抓敢管，为事业负责，也为自己负责。随后，集团领导干部共同观看廉洁警示教育宣传片《国企姓公不姓私》，片子教育国有企业领导干部要恪守公私分明的基本职业操守，始终坚持把干净作为履职尽责的底线，做清正廉洁的规矩人。

通过持续不断地学习并落实《规定》，保利四川投资发展有限公司的党风廉政教育持续推进，筑牢了领导班子反腐倡廉的思想防线，达到了"提神醒脑"的作用。在《规定》的提醒下，保利集团领导干部将努力保持清醒头脑和清廉本色，严格执行廉洁从业各项规定，时刻警醒，率先垂范，为公司高质量发展营造风清气正、干事创业的良好氛围。

案例启示

打造一支廉洁从业、诚实守信的领导队伍，需要加强对领导干部的制度规定。企业可以组织领导干部签订《廉洁从业承诺书》，并督促落实承诺书中的规定和要求。国有企业要特别注重对《国有企业领导人员廉洁从业若干规定》的学习和落实，持续推进领导班子廉政教育和建设。

1. 组织领导干部签订《廉洁从业承诺书》

为了在生产经营管理的各个领域、各个环节对领导干部形成约束力，让领导干部牢记自己身份的重要性，时刻提醒其忠诚履职、廉洁自律，自觉构筑拒腐防变的思想防线，自觉抵制工作生活中的各种腐败现象，企业可以组织领导干部签订《廉洁从业承诺书》，并不断督促落实承诺书中的规定和要求。这一方面使得企业内广大党员干部充分认识到廉洁从业的重要意义，增强从业履职的神圣感、责任感，提高廉洁自律的自觉性，另一方面促进关键岗位人员增强自我防范意识，促使其自觉加强作风建设，抵制不廉洁行为。

中泰集团党委积极组织各单位党员干部和关键岗位人员开展签订《廉洁从业承诺书》活动。该承诺书以企业监督管理上的薄弱环节为切入点，以改进干部作风为突破口，在内容上涵盖严格遵守党纪国法、遵守中央八项规定及其实施细则精神、遵守国家和企业保密规定、忠实履行岗位职责、正确行使职权、不在企业活动中弄虚作假以及树立良好家风等数方面内容，突出选人用人、物资采购、资金管理、项目建设等重点。在《廉洁从业承诺书》的约束下，中泰集团党风廉政建设持续推进，完善了集团的廉洁风险防控体系，强化了对关键少数、重点领域、重要岗位、重点人员的组织监督和群众监督，增强了领导干部廉洁从业意识和自律意识，为集团营造风清气正的环境起到了积极作用。

2. 学习并落实《国有企业领导人员廉洁从业若干规定》

《国有企业领导人员廉洁从业若干规定》（以下简称《规定》）依据国家相关法律法规和党内法规制定，旨在规范国有企业领导人员的廉洁从业行为，加强国有企业反腐倡廉建设，保护国有资产，促进国有企业清廉科学发展。其总体要求是国有企业领导人员应当遵守国家法律法规和企业规章制度，依法经营，开拓创新，廉洁从业，诚实守信，切实维护国家利益、企业利益和职工合法权益，努力实现国有企业又好又快地发展。国有企业要认真学习、深刻领悟并持续落实《规定》精神，加强领导人员的相关教育，使其充分认识到自身对企业清廉建设的重要性，从而恪守《规定》要求，严格规范自身行为。

保利四川投资发展有限公司要求集团领导干部深入学习《规定》，在线上通过微信公众号文章普及《规定》相关知识，并将普及知识与及时检测融为一体，使学习《规定》、针对性解答和当堂落实有机结合，为其他公司开展《规定》学习提供了案例示范与创新思路。为了进一步增强公司广大党员干部职工的廉洁从业意识，保利集团纪委将《规定》精神付诸实践，设置党风廉政宣教月，组织开展党风廉政宣教月集体廉洁提醒谈话，并要求领导干部共同观看廉洁警示教育宣传片，进一步加强公司干部的廉洁教育，引导广大干部筑牢崇廉拒腐的思想道德防线。

《规定》用硬性规约要求领导干部规范自身行为，清廉从业，清正办事，《廉洁从业承诺书》在主动承诺中增强领导干部的清廉自觉性，使领导干部规范地行使权力。企业需要认真学习并落实相关规定，加强对领导干部的约束，促使其认真履行建设清廉企业的职责。

小　　结

规章制度能够为企业清廉建设提供有效指导，保障清廉工作的顺利开展。本章聚焦企业规章制度与长效机制的建立，从完善企业清廉规章制度、建立企业清廉长效机制、加强对领导班子的制度约束这三个方面，分别挑选代表性案例，为企业加强清廉制度机制建设提供参考与建议。

有关企业清廉建设的法律法规及具体政策，为营造风清气正的企业政治生态提供了坚强的制度保障。企业既要严格遵守法律法规和政策规定，将依法治企和依法治人两个重点同步推进，保证公司在法律法规允许的范围内运营，有效防范廉洁风险，打造法治企业，提高公司成员的法治意识，要求员工依法从业，牢守清廉底线；也要根据自身实际情况，将统领性的政策转化为可以落实的具体政策，制定一套包括清廉目标、清廉步骤在内的完整的清廉企业规定，将清廉制度转化为工作的抓手，将政策力量转化为企业发展的"廉"动力。在制度的框架之下，企业要加强构建清廉长效机制，不断完善内控机制及权力制衡与监督机制，协调好各个部门、各个环节之间的关系，促使各个部门通力合作，推动企业权力规范运行，净化企业政治生态。领导班子作为企业的核心主体，要特别加强制度对其的规定与约束。《廉洁从业承诺书》能够以承诺的形式使领导干部规范行使权力，提高领导干部廉洁从业的思想觉悟，在领导干部违约时，还能够通过违约惩戒对其进行处罚。《国有企业领导人员廉洁从业若干规定》能够对领导班子形成约束力，促使其在规定允许的范围内行事。企业可以通过签订承诺书和学习规定等方式，加强对领导干部的教育管理，督促其将制度规定落实为具体实践，真正做到依法经营、开拓创新、廉洁从业、诚实守信，成为企业的清廉标杆，推动清廉建设与企业发展深度融合。

第三章

加强企业各部门清廉治理
确保各主体责任落实

概　　述

　　企业是一个由各个部门、各个主体通力合作组建而成的有机整体，企业清廉治理的重要途径就是让企业内的每个部门都能清廉运行，让每个主体都能清廉工作，从而形成清廉建设的强大合力。大力推进企业清廉建设需要将各个部门、各个主体进行统一管理，要求他们承担起自己的责任，确保企业各个系统、各个部分的清廉运行。各部门应积极落实企业清廉工作，加强清廉治理，企业运行主要环节的不同责任主体也需肩负起自己的使命，将清廉建设任务落实在所承担的工作当中。

　　企业中各部门承担着不同的任务工作，在众多部门之中，财务部门、人力资源部门以及采购部门等涉及钱、人、物，这些容易滋生腐败的关键部门，如果没有做好清廉工作，就会对企业的健康发展造成严重影响，因此，企业清廉建设要从关键部门入手，有针对性地加强企业部门廉洁治理。政商关系作为优化企业环境的主要着力点，存在于企业运行的各个环节当中，关乎企业的长远发展，因此，企业应处理好政商关系，明晰界限，知晓分寸，增强自身的合法经营意识，遵纪守法办企业，光明正大搞经营。企业领导干部作为企业的引领者和带头人，更需要明确政商关系的界限，绝不行贿，不搞利益输送，以身作则，树立榜样，推动构建健康、清廉、公开、透明的新型政商关系。员工作为构成企业的基础要素，在企业运行的各个环节中肩负着重大的责任，是推动企业发展的重要动力。保持员工队伍的清正廉洁，对于企业的健康发展至关重要。企业要加强员工队伍的建设，营造清廉有为、积极进取的企业氛围，促使员工自觉抵御腐朽思想的侵蚀，严格执行企业的规章制度，不为利益所惑，坚决抵制商业贿赂行为，避免自己所承担的环节出现廉洁风险。

只有对关键部门和主要责任人进行规范，有针对性地加强企业各部门的清廉建设，领导干部带头构建"亲""清"政商关系，打造清正廉洁的企业员工队伍，才能从各个部分激发企业廉洁发展的力量，以不同主体凝聚企业健康发展的"廉能量"。

第一节　有针对性地加强企业各部门清廉建设

企业要想顺利地推进清廉建设，就离不开内部各部门的携手合作。企业各个部门要进一步深化思想认识，深刻理解清廉建设工作的重要性，不断强化廉洁意识，切实履行主体责任，紧紧围绕企业发展大局开展好各项工作，以更高的标准、更严的要求做好清廉建设工作，全面自查自纠，营造风清气正的发展环境，为企业清廉建设凝聚力量，提供保障。

企业众多部门中，一些涉及薪金福利、物资管理、员工招聘以及人事调动的关键部门具有较高的廉洁风险，是加强清廉建设的重中之重。要针对这些关键部门及其相关人员加强清廉建设，开展清廉风险排查工作，找准廉洁风险点，发现腐败问题，并确保有相应的措施进行惩戒，以不敢腐推动不能腐，以不想腐带动不能腐，形成不敢腐、不想腐、不能腐的有效震慑，坚决遏制部门内部腐败势头蔓延。

案例1 国宏集团：加强清廉财务建设助推企业深化改革

（来源：人民网 2022年9月9日）

广西国宏经济发展集团有限公司围绕清廉国企建设工作方案，在企业内部从制度到文化，从部门到员工，逐步推进清廉国企建设，根据公司的实际情况，扎实开展多层次、多方位、多形式的清廉国企行动，不断激活企业的"廉洁细胞"。在涉及企业财产的关键财务部门，国宏集团从防控风险、弥补漏洞、改善作风等多个方面同步狠抓资产财务管理及队伍建设，从抓紧执行改革资产财务管理制度和措施、构建财务监督制约体系、及时查摆纠偏风险问题三方面着手，凝聚实干力量，持续深化改革，推进清廉国宏的建设，为集团高质量发展保驾护航。

在抓紧资产财务管理制度改革、落实财务管理改革措施方面，国宏集团以建立财务及资金管理信息系统和完善资产管理制度为重点，着力打造安全高效的智慧财务管理平台。平台能够实现对集团公司经营性数据的标准化管理，实现财务管理精细化，引导企业靶向施策，深化改革。2022年，国宏集团线上、线下联查，及时纠查固定资产盘亏问题并开展整治行动。

期间，针对盘亏清理需认定真实价值等难点问题，财务部门多方搜集线索，查摆证据，小心查证处理依据及政策条款，主动联合合规审计部门形成处置合力，共同开展整治工作。同时，主动将监管工作延伸，结合盘亏问题，拟定《国宏集团固定资产报废处置管理办法》，强化相关机制，完善整改措施，突出整改成效。此外，国宏集团积极营造精干高效、雷厉风行的工作作风，压实财务人员的主体责任。一方面，国宏集团各级党组织积极落实以党建促进财务管理改革的新举措，在财务人员队伍中积极营造凝心聚力促改革、求真务实勇担当的政治生态，打造财务队伍办公基本素质提升考核机制，要求财务人员摆正工作作风，压实岗位责任，牢固树立"服务员"的角色定位，严格落实规范化管理。同时，在财务管理中严格落实不相容岗位权限分离要求，构建廉洁风险防控体系。另一方面，国宏集团全面推进财务的主业主责管理。2022年，国宏集团财务人员开展和参与了招投标采购、业财融合、财务分析、新会计准则、税务等方面的培训，期间要求各级财务人员明廉、担责、存敬畏之心。针对实操工作中出现的管理问题，以及检查中发现的共性问题，国宏集团组织开展了财务监管工作实操培训，要求财务人员正视存在的问题，落实自身承担的责任与任务，着力深化提升员工工作能力，落实其主体责任，为企业发展保驾护航。同年，国宏集团财务还全面推进了集团纾困项目、艺术宫物业减租、境外子公司股权转让业务、企业投融资等具体工作，抓牢风险防控制度的执行，压紧压实了财务部门人员的具体工作。从项目前端、中端、末端严格审核，层层把关，严格要求财务部门人员落实主体责任，提高廉洁建设执行力。

在构建财务监督制约体系方面，国宏集团修订了《财务支出审批权限管理办法》《担保管理办法》《财务管理办法》等制度，让财务部门的工作"有制可依"，减少公司发生腐败的风险，并针对财务部门的痛点开展清廉工作。针对金融资产处置业务涉及行业及领域较多的管理难点，国宏集团统筹布局，充分运用财务信息资源，一方面做好资金计划管理，防范资金风险；另一方面统筹好全盘利益，预防职务腐败风险，不断提升监管效力。针对企业账款清收比较被动的监管难点，国宏集团加大"两金"清收工作，严督实查力度，立下"愚公志"，列好"时间表"，跟进对手进度，有效开展风险预判，提升部门监管效力。此外，国宏集团还不断提升财务监督队伍的监督能力。2022年，国宏集团财务管理围绕企业财务决算、全面预算、资金管理、债务风险、资产处置、财务总监委派六个方面的工作，结合各企业实操中出现的问题，开展了财务监管工作实操培训，着力提升岗位员工服务能力，培养主动作为、敢做善成的真本领，锻造监察铁军，全面梳理构建财务监督制约体系。

在及时查摆纠偏风险问题方面，国宏集团财务管理上下一盘棋，负责人深入现场一线，及时发现问题，及时纠偏，下属企业及部门及时响应，将问题整改一抓到底。2022年，针对管理过程中发现的境外子公司资金管理风险问题，国宏集团联合粮科所公司履行监管职责，督促境外子公司进行规范化管理。同时，国宏集团将监管进一步延伸，要求境外子公司开展资金风险报告工作，夯实企业财务管理具体工作。针对此次整治行动存在的涉及离职人员及历史遗留问题等整治难点，财务部门与境外子公司深入沟通，仔细梳理，形成整改方案，同时要求境外子公司每日严格落实资金风险报告工作。

通过抓紧资产财务管理制度改革、落实财务管理改革措施，构建财务监督制约体系，及时查摆纠偏风险问题三方面的工作，国宏集团对财务这一腐败易发领域进行严督实查，持续改进财务部门工作作风，加固财务管理的"堤坝"，从关键部门出发助力集团清廉建设工作。

案例2 台邦集团：构建廉洁物资采购模式 把好企业物资采购廉洁关

（来源：《浙江日报》 2019年12月5日）

为推动清廉建设，抓住企业发展的建设期，台邦集团积极建立和完善一套既能服务生产保供应，更能阳光高效保廉洁的物资采购运行体系，从而实现物资采购供应的公平、公正、公开和阳光、廉洁、高效。

台邦集团找准清廉建设关键部门——物资采购部门，通过建立供应商管理部，实现物资采购和供应商管理的分权、分责管理，构建起一套廉洁物资采购模式。该模式从建立双监管模式和加强采购人员廉洁教育出发，把握住了企业物资采购的廉洁关卡。

在采购管理方面，台邦集团建立了事前、事中双监管模式。事前监管是指企业内部各部门按照生产需要提报采购计划，经审查、汇总平衡后，下发至计划采购部。采购部门负责人对采购物资的数量、需求日期、采购风险、价格等进行二次确认，再予以执行。对签订采购合同环节严格审查，是采购管理事前监管的具体有效形式。采购部所有物资采购必须签署采购合同，且合同文本中体现廉洁物资采购原则，杜绝不正当竞争等行为。对于不签订合同的采购项目，财务部门拒绝付款、结算。台邦集团对购得的原材料、辅助材料等物资的质量进行严格检查，质检部门按公司质量要求对来料进行检查后，出具检验报告单，避免因为追求低价购入质量较差的材料，后续给企业带来高消耗、高成本，造成长远损失。在采购管理方面，台邦集团通过账户账簿、结账流程以及会计报表进行管理，检查分析报表中的数字、内容，确保及时提供准确无误的会计信息。

在加强采购人员廉洁教育方面，台邦集团严抓物资采购工作一线人员的清廉文化教育，成立审计室，严把公司财务审计关，管好"钱袋子"，在全公司所有部门，特别是物资采购部门大力倡导"廉洁从业、诚信守法、行为规范、道德高尚"的道德规范。台邦集团在宣传栏中张贴廉洁文化宣传标语，营造良好的廉洁环境和氛围。通过加强部门内部的清廉建设，台邦集团在高质量发展中不断彰显清廉本色。

案例启示

企业各部门作为构成企业的重要单元，发挥着推动企业进步、维护企业正常运转、促进企业健康发展的重要作用。企业清廉建设应当从关键部门着手，开展部门清廉工作，努力促使关键部门取得清廉建设工作成效，将其树立为清廉榜样加以宣传，以点带面，推动整个公司全部门投身到清廉企业的建设中来。

1. 全流程加强企业各部门清廉建设

企业各个部门所承担的责任和工作各不相同，但开展清廉建设工作的流程大抵相同。首先，在部门内部开展廉洁风险排查工作，确定廉洁风险点；其次，根据廉洁风险点，有针对性地完善相关管理制度，引导部门靶向施策，深化清廉建设；随后，纠偏风险问题，把风险消灭在源头，避免其扩散成严重的腐败问题；最后，加强监管，完善不同部门监督治理体系，落实清廉建设形成的措施。通过全流程清廉建设，最大程度防范企业不同部门出现廉洁风险，为企业清廉建设贡献部门力量，从而凝聚成企业清廉建设的强大合力。

广西国宏经济发展集团有限公司在推进财务部门清廉建设的过程中，关注部门运行的全流程，从排查风险、完善管理制度、纠偏风险和完善监管四个方面紧抓落实，为集团高质量发展保驾护航。首先，国宏集团财务管理负责人注重深入现场一线，及时发现问题；其次，国宏集团建立财务及资金管理信息系统，着力打造安全、高效的智慧财务管理平台，并针对财务部门所存在的问题制定管理制度，强化资产财务管理；再次，国宏集团及时查摆纠偏财务部门运营过程中存在的风险问题，督促财务部门进行规范化管理，要求其开展资金风险报告工作；最后，国宏集团从完善监管制度和加强对风险点的监管两方面推动财务部门监督体系建设。在全流程加强企业财务部门清廉建设的推动之下，国宏集团有效改进了财务部门的工作作风，加固了财务管理的"堤坝"，为企业清廉建设添砖加瓦。

2. 压实关键部门人员主体责任

企业关键部门在公司中的重要作用和廉洁风险决定了相关工作人员在清廉建设工作中不可被忽视。要加强财务、采购等关键部门的清廉建设工作，提高这些部门工作人员投身清廉建设的积极性，增强其清廉意识。工作人员要担好清廉工作责任，肩负使命，不走歪路错路，让"廉洁"这一关键词贯穿工作的始终。企业也要不断督促工作人员保持廉洁从业的思想和精干高效的工作作风，压实工作人员的主体责任，推动各部门清廉建设。

国宏集团和台邦集团都抓住了关键部门从业人员这一重要因素，开展了一系列行动，压实相关人员主体责任。国宏集团通过打造财务队伍办公基本素质提升考核机制,要求财务人员摆正工作作风,压实岗位责任,严格落实规范化管理;全面推进财务工作的主业主责管理,对财务人员开展多方面培训,要求他们正视存在的问题,落实自身应承担的责任与任务,着力提升员工工作能力,落实其主体责任。台邦集团抓紧采购部门人员的廉洁教育,在公司宣传栏张贴廉洁文化宣传标语,要求全公司所有部门,特别是物资采购部门遵循"廉洁从业、诚信守法、行为规范、道德高尚"的规范。

企业需要有针对性地加强不同部门的清廉建设,全流程把握各部门清廉建设,压实关键部门人员主体责任,凝聚清廉力量,推动清廉建设。

第二节 企业领导干部带头构建"亲""清"政商关系

政商关系是市场经济的重要议题,良性发展的政商关系能够推动营商环境优化,助力经济高质量发展。习近平总书记于2016年3月4日在全国政协十二届四次会议民建、工商联界别联组会上,提出了构建"亲""清"新型政商关系,以"亲""清"二字廓清政与商的边界。构建"亲""清"政商关系不仅为政府领导干部如何与企业打交道划出了底线,还为企业成员如何与政府部门进行交流提供了思路,为建设更加科学、良性的市场秩序指明了方向。

全面构建"亲""清"政商关系应成为进一步推进企业清廉建设、促进企业健康发展的应有之义。这就要求企业充分激发企业家的积极性和主动性,深刻理解"亲""清"政商关系,坚持诚信守法,做到遵纪守法办企业、光明正大搞竞争。企业家可以从改进个人思想与行为出发,作为清廉榜样,带动企业成员达到"亲"的要求,守好"清"的底线,进一步建设清廉企业。

> **案例1 企业家担任"'亲''清'政商专员" 乐清首批非公经济人士赴政府部门挂职锻炼**
> (来源:《浙江日报》 2019年7月25日)
>
> 乐清市为了推动政商关系向"亲""清"方向发展,更好地促进政企交流、拓展企业发展空间,在

2019年7月初，创新性地开展了"企业家挂职机关部门"的活动，为构建"亲""清"政商关系做出全新探索。该活动选派乐清市非公经济人士以"'亲''清'政商专员"的身份挂职到政府机关部门锻炼，挂职期限为2个月，每周不少于2个工作日到挂职部门工作。首批选派的7位非公经济人士由乐清市委组织部挑选，分别前往乐清市发改局、经信局、商务局、税务局、财政局等涉企部门挂职。

本活动选派优秀非公有制经济人士到涉企部门挂职的根本目的在于通过让非公有制经济人士参与体验政府工作，使其更好地领悟政府工作的难点与重要性，更直接、更好地了解和熟悉惠企政策畅通渠道，增强其依法依规办企意识；也让政府能更便利地了解企业与政府交流过程中的难点和痛点，从而有针对性地调整部门政策，推动企业与政府更好地交流合作，为推动政企交流、构建"亲""清"政商关系搭建一个平台。

企业家在机关部门挂职期间需要学习、参与业务，列席工作会议。为了更好地帮助企业家适应政府工作，机关部门还会安排一名业务骨干与挂职企业家结对，解答企业家的疑问，帮助企业家了解惠企政策，指导企业家开展工作。部分企业家为了更好地适应挂职工作，在正式报到之前，专门准备了一本笔记本，用来撰写工作日志，记录挂职期间的工作内容和所思所悟。在工作中，部分企业家在指导老师的引领下，扎扎实实、从头到尾地将政府税收具体优惠政策梳理了一遍，为自身更好地执行部门任务打下基础，还有助于其为自己所在的企业进行远期规划。政府则会征求、询问企业家对政府服务工作的意见与建议，积极采纳企业家为优化政府部门宣传和服务所提出的建议，从而有针对性地改进一些政府服务工作，重新调整政府工作角度，更好地服务企业。

企业家在平时的工作中往往只关注一些自己所在企业经营范围内的事情，本次活动让企业家进入机关内部，学习政府的工作流程，有助于企业家从方方面面领悟政府运行方式的精髓，从而更有效地指导本公司开展工作，让更多的企业家，尤其是年轻的企业家能够走得更远。本次活动还让企业家深刻地感受到了政府部门对企业的关注和关心。不同于以往选派机关干部进企服务，本次选派非公经济人士到机关部门挂职进一步将政企沟通的主动权放在了企业家手上，对提升依法依规办事水平、拓展企业发展空间有着积极作用，这也是乐清市创建新时代"两个健康"先行区、构建"亲""清"政商关系的一次全新探索。

案例2 敢"亲"真"清"最舒心 吴江区民营企业家共建"亲""清"政商关系倡议书

（来源：《吴江日报》 2020年5月21日）

2020年2月28日，吴江区出台了《关于构建"亲""清"新型政商关系推动民营经济高质量发展的意见》（以下简称《意见》），要求进一步规范政商交往行为，拓展深化容错纠错机制，着力构建公平竞争的市场环境、"亲""清"和谐的营商环境、简明有效的政策环境、公平透明的法治环境。这是吴江区委、区政府深入贯彻落实习近平总书记关于构建"亲""清"新型政商关系指示精神的重要举措，对民营企业发展既是鼓励又是鞭策。

构建"亲""清"新型政商关系不仅需要党委和政府的坚强领导，也需要民营企业的积极参与。吴江区十几位民营企业家代表为响应《意见》号召，联合发出倡议书，鼓励吴江区民营企业家们充分发挥"领头羊"的作用，扎根家乡，争当表率，大力弘扬新时代民营企业家精神，倡议全区民营企业家积极参与共建"亲""清"政商关系，争当"五个表率"，信守"五个承诺"，合力营造敢"亲"真"清"的、舒心的营商环境。

该倡议书提出争当爱国敬业、创业创新、"亲""清"共融、守法经营、回报社会的五个表率,信守不脱离组织、不逃避监管、不弄虚作假、不违法乱纪、不投机钻营五个承诺。该倡议书是对吴江区出台的《意见》的回应,其中蕴含着民营企业家们对区委、区政府工作的高度认同与支持,也彰显着他们愿意与政府共同优化营商环境的鲜明态度,体现了吴江区民营企业家主动参与构建"亲""清"新型政商关系的自觉,以及大力弘扬新时代民营企业家精神的努力。

构建"亲""清"新型政商关系,企业是重要一方。对民营经济发达的吴江区而言,在发展"亲""清"新型政商关系时,民营企业有着举足轻重的地位。只有当党委和政府的呼吁引起民营企业家的响应与共鸣,才能形成推动经济高质量发展的动力。意识上的自觉,应当配以行动上的果决。民营企业家理应展现自身担当,积极同各级党委和政府多沟通、多交流,讲真话、说实情、建诤言,满腔热情地支持地方发展。同时,还应洁身自好走正道,做到遵纪守法办企业、光明正大搞经营。在发展的过程中,坚决不触碰法律"高压线"、道德"警戒线",在合法合规经营中提高自身竞争力。

构建"亲""清"新型政商关系,企业应该更加主动。政商之间的君子之交是打造更加优越的营商环境的前提,而优越的营商环境是企业能够持续、稳定、健康地发展的基础。对于有碍经济发展、有碍市场主体自由竞争的问题,企业家们应当主动告知政府,并协助政府解决;对已经研究成熟的全区重点经济工作,企业家们应当主动配合,并结合自身实际提出具有预见性的建议。企业家们应扎根主业主责,依托政府提供的良好环境,把更多精力放在产品研究、技术开发和服务提质上,不断强化自身综合竞争力,在做大做强企业的同时,为社会创造更多财富、解决更多就业。

干在实处永无止境,走在前列要谋新篇,勇立潮头方显担当。本次倡议显示了吴江区民营企业家们对"亲""清"新型政商关系的追求,也彰显了企业家们的雄心壮志、宽广境界和社会责任担当,为推进吴江区开放再出发,打造"创新湖区"、建设"乐居之城",推动高质量发展再立新功、再谱新篇。

> 案例启示

习近平总书记用"亲""清"两字概括新型政商关系,为我国新时代背景下政商双方的交往提供了新的指导思想。对于企业而言,在新型政商关系中,"亲"是指企业要紧跟政府步伐,听党话、跟党走、报党恩;"清"是指清廉干净,不搞权钱交易,不进行利益输送。企业领导干部要自觉发挥榜样作用,从自身出发,让吃、拿、卡、要等现象在企业中绝迹,弘扬企业家精神,在与政府的交往中做到既"亲"又"清",带动全公司形成清正廉洁的风气,推动构建良好的政商关系,促进公司清廉建设。

1. 发挥企业家在构建"亲""清"政商关系中的作用

构建"亲""清"新型政商关系不仅需要党委和政府的坚强领导,还需要企业的积极响应与配合。要充分调动企业的主动性,发挥企业家在构建"亲""清"政商关系中的作用。一方面,企业家要把企业的发展与党和国家的发展需要、时代的发展需要紧密相连,加强与政府部门的沟通交流,了解政府的相关政策,增强依法依规建设企业的意识,更好地领悟政府工作的难点与重要性,感受政府对企业的殷切关心,也让政府了解企业的发展优势与存在的困境,从而更好地支持企业发展;另一方面,企业家也要发挥自身优势,积极承担社会责任,为政府工作提出更具有针对性、实操性的建议,推动政府部门改进工作。

乐清市创新性地开展了"企业家挂职机关部门"的活动,选派非公经济人士以"'亲''清'政商专员"的身份到政府机关部门挂职,通过这种参与性强、实践性强的活动,让企业家们体验政府工作、列席工作会议,了解政府部门的运作流程,感受政府部门工作的难点与痛点。政府安排一名业务骨干与挂职企业家结对,可以解答企业家的疑问,帮助企业家了解惠企政策,指导企业家开展工作。本次活动是乐清市推动构建"亲""清"政商关系的一次全新探索,在政府和企业家之间搭建了一个平台,有助于加强企业与政府之间的联系与沟通。

2. 保持企业清廉干净,防止"亲"而不"清"

"亲"而不"清"是一种最常见、也最为人诟病的畸形政商关系,突出表现为官商之间相互勾结,搞利益输送,进行权钱交易。建立新型政商关系的关键在于企业要保持自身的清廉干净,从企业家做起,让权力"在阳光下运行",不与政府部门"勾肩搭背",从而构建清廉企业环境,防止"亲"而不"清"。

吴江区民营企业家积极响应吴江区委、区政府出台的《关于构建"亲""清"新型政商关系推动民营经济高质量发展的意见》，联合发出倡议书，积极参与构建"亲""清"政商关系。该倡议书从争当"五个表率"、信守"五个承诺"出发，倡导营造敢"亲"真"清"的、廉洁舒心的营商环境。吴江区民营企业家表达了在运营企业过程中始终保持清廉的决心，坚持洁身自好走正道、遵纪守法办企业、光明正大搞经营，坚决不触碰法律"高压线"、道德"警戒线"，在合法合规的经营中提高自身竞争力。

在建设清廉企业的过程中，构建"亲""清"政商关系是推动企业健康发展的关键点。企业应在领导干部的带领下，与政府加强交流沟通，做到"亲"且有为，保持企业清廉干净，做到既"亲"又"清"。

第三节　锻造一支清正廉洁的企业员工队伍

员工是构成企业的基础要素，在企业运行的各个环节中担负着重要责任，其综合素质与工作态度会对企业的未来发展产生深刻影响。一支清正廉洁的员工队伍能够保证企业各环节顺利高效地运行，提高企业发展的效率与质量，使企业能更好地履行社会责任，从而树立良好的公共形象。

为了助推企业的高质量发展，企业需要培养一支训练有素、具有较强执行力的员工队伍，不断压实员工在企业运行中的主体责任，形成以"责任"与"清廉"为核心的企业文化。员工队伍需要具备较强的思想觉悟，能将企业文化内化于心、外化于行，并具有较强的执行力。在管理员工队伍的过程中，企业要从实际出发，结合清廉建设的目标，完善人事管理制度与管理体系，让员工明确其岗位职责与权限，做到肩负使命、遵纪守则、清廉从业。此外，企业还需加强对员工的教育，提高其思想觉悟和综合素质，杜绝人情关系带来的腐败问题，形成廉洁从业、风清气正的良好氛围。

案例1 诺力集团:"三个强化"从严管理企业团队 打造集团"清廉铁军"
(来源:中共浙江省委统战部官方网站2022年11月25日)

诺力智能装备股份有限公司是一家提供物料搬运设备、智能立体仓库、智能输送分拣系统、供应链综合系统软件等整体解决方案的企业,2015年在上海证券交易所A股主板上市,现有员工2200多人。集团党委于2012年成立,是"省级双强百佳党组织",下辖5个支部、145名党员。近年来,诺力集团坚持将清廉建设理念融入集团高质量发展,着力自上而下一体打造一支集团"清廉铁军",以建立健全廉洁风险防控体系、完善公司人事制度建设、强化廉洁文化学习浸润三个方面为抓手,上下贯通,一体增强集团员工廉洁意识,为集团的持续健康发展注入强大"廉动力",进一步助力集团的高质量发展。

诺力集团通过建立健全廉洁风险防控体系,强化顶层设计,形成上下"一盘棋"工作格局,更好地规范员工廉洁行为。在顶层设计方面,成立了集团纪委,由1名副总担任纪委书记,从集团顶层统筹协调清廉建设工作。设立审计监察委员会,董事会专题听取其汇报，下设审计监察中心，分设法务、审计、监察等3个部门，负责集团各公司的审计监督、干部监督、财务监督、法律监督、内控监督等工作，同时负责对集团各种违规违纪、腐败行为进行查处。在集团运行方面，不断督促各环节根据廉洁风险防控要求，形成上下贯通工作格局，规范员工行为，做到对廉洁问题时刻保持警惕，绝不放松。诺力集团推动建立了车间民主管理委员会，加强民主管理，深化厂务公开；以会议形式讨论了车间员工的薪资定级、工种分配、人员调动等重要事项并公示结果，接受员工监督；建立了食堂民主管理委员会，由员工代表对食材采购、种类设定等食堂经营运行管理内容进行监督审查。

诺力集团通过完善公司人事制度建设，强化考核约束，构建员工"一张网"防控体系。诺力集团不断完善《人事管理制度》《干部考察考核办法》《干部价值观评价体系》等人事管理办法，将廉洁制度纳入员工进入、考评、晋升、退出机制，从员工成长路径出发，由始至终不断强化廉洁意识；绝不放松对任何一个岗位的监管，从上至下规范管理制度，将严格的纪律要求贯穿员工入企到离职、退休的始终；紧盯关键领域、关键岗位，以建章立制的形式赋权限权，最大程度地减少集团内部违纪违法行为和职务犯罪行为的发生，如建立《公司招投标管理制度》《行政物资管理办法》等关键领域的标准，从源头到末端全过程防范廉洁问题的发生。不仅如此，诺力集团还对主要业务流程进行了详细梳理，从生产、销售、采购、财务、法务、后勤等各项业务流程入手，建立健全稽核管理流程和体系内审业务流程，防范和控制各岗位存在的廉洁风险。

诺力集团通过强化廉洁文化学习浸润，加强员工学习教育，营造集团"一条心"清廉氛围。诺力集团坚持将企业教育作为培养员工清廉意识的重要途径，始终坚持将清廉建设理念内化于员工之"心"、外化于员工之"行"，不断强化廉洁文化学习教育。为起到示范带动作用，主要领导每年度作一次反腐倡廉专题报告，各分管领导和中层干部每半年开展一次述职述廉活动。同时，定期邀请县法院和县检察院领导干部来企业开展专题讲座，用身边案例警示员工。每年开设"法律课堂"十余次，讲解公司纪律规则，使员工对公司红线、底线常记常新。

清廉员工队伍建设是清廉企业建设中的一个重要单元，诺力集团从建立健全廉洁风险防控体系、完善公司人事制度建设、强化廉洁文化学习浸润三个方面入手，自上而下不断规范员工行为，教育引导员工增强廉洁意识，培育企业清廉文化，打造了一支"清廉铁军"。

案例2 黄石新兴管业：扬正气 树清风 教育打造"清廉队伍"

（来源：湖北日报网站 2021年10月21日）

2021年，黄石市纪委着力推进"清廉黄石"建设。新兴管业公司为响应"清廉黄石"的建设要求，积极开展了党风廉政建设宣传教育月活动，从教育入手，通过对员工进行预防教育、文化教育、警示教育和家风教育，努力打造清正廉洁的员工队伍，营造清廉氛围，让"清"风吹遍企业的每一个角落，让"廉"花开遍企业的每一寸土地。

努力抓好预防教育，进行员工岗前"入职树廉"。为发挥廉洁文化的导向作用，牢固树立新员工拒腐防变意识，强化员工队伍廉洁建设，新兴管业公司纪委将防腐倡廉关口前移，常态化开展新员工岗前廉洁教育培训，向新员工介绍当前党风廉政建设和反腐败斗争的形势、特点，学习公司廉洁从业相关规章制度，剖析容易发生不廉洁行为的关键环节和岗位，强调廉洁从业的重大意义，为新员工上好入职"第一课"，打好廉洁"预防针"。

积极强化廉洁文化教育引领，通过"阵地守廉""授课讲廉"提高员工清廉觉悟。在"阵地守廉"方面，新兴管业公司纪委将清廉元素融入企业文化，利用办公室走廊、绿化带等公共区域建设"廉洁走廊"，打造"廉洁花园"，加大企业清廉氛围的建设力度。新兴管业公司还创建了内部电子期刊《长乐清风》，利用媒体资源自制廉洁教育小短片，多形式、多角度地展示公司廉洁文化建设风貌，让党员干部和广大员工在工作间隙受到廉洁文化的熏陶。同时，新兴管业公司利用党员活动室、会议室建设"廉洁书角"，摆放《中国纪检监察》《中国纪检监察报》《党风廉政建设》等廉洁教育报刊供职工阅览学习，潜移默化地进行教育，提升员工廉洁自律意识，塑造风清气正的企业政治生态。在"授课讲廉"方面，新兴管业公司党委定期邀请省委党校、武汉大学的专家学者到公司授课，开展专题讲座，构建党风廉政教育常态化机制，把党风廉政教育抓常、抓细、抓长。从中共第十九届中央纪委五次全会重要讲话精神到"七一"重要讲话精神，从党的纪律建设历程到当前反腐败斗争形势，2021年以来，新兴管业公司已开展授课讲座十余堂，及时为公司党员干部的思想"充电"，通过教育引领提高员工队伍思想觉悟，通过学习培训抓早抓小、防患于未然,有效地提高了公司党员干部的思想觉悟和道德修养水平,切实把纪律摆在前面,强化责任担当,弘扬优良作风。

不断强化警示教育,推进以案促廉。新兴管业公司坚持警示教育常态化,及时在全公司播放省市纪委监委拍摄的警示教育片《任性弄权终自毁》《贪欲不遏,自毁人生》,编写《警示案例选编》电子书,通过微信群推送给全体干部职工。通过典型反面案例提醒公司党员干部时刻绷紧廉洁自律这根弦,敲响廉洁自律的警钟,坚决筑牢廉洁防线、不越纪律红线、守住安全底线,把好政治关、权力关、金钱关、交友关,始终保持清醒头脑,永葆共产党员的先进性和纯洁性,廉洁修身、廉洁齐家、廉洁奉公,以脚踏实地的作风干好每一项工作,为公司高质量发展贡献力量。为落实警示教育成效,新兴管业公司在新区建设期间,聚焦项目建设廉洁风险,坚持挺纪在前,多频次召开员工警示教育大会,常态化开展提醒教育,为新区建设提供坚强的纪律保证。新兴管业公司还成立了新区建设临时党支部,推动党建工作与项目建设同步推进,发挥支部战斗堡垒作用,带领公司员工自觉坚守思想防线,牢固树立理想信念,筑牢拒腐防变的"堤坝",促进工程建设阳光操作、规范运行,努力打造廉洁工程。

创新弘扬优良家风,推进"家庭助廉"。为深入贯彻习近平总书记系列重要讲话精神,特别是关于"注重家庭、注重家教、注重家风"重要指示精神,秉承着"良好家风是确保党风清廉的明镜"这一廉洁理念,新兴管业公司大力弘扬廉洁家风文化。在重要节点前,公司纪委向全体职工家属发送《家庭助廉倡议书》,各支部组织党员干部学习讨论《习近平关于注重家庭家教家风建设论述摘编》《严以治家》《清风传家》《红色家规》等读本,并撰写学习心得,引导党员干部从名人事迹中领悟优秀的家风家训对个人以及社会的积极影响,做到"以好家风推动形成清正廉洁的好作风"。

新兴管业公司深知拒腐倡廉工作任重而道远,在建设清廉企业的过程中,从打造清廉的员工队伍出发,通过开展多种形式的教育来提高员工的思想觉悟,推动企业清廉建设取得新成效,为公司的高质量发展奠定了坚实基础。

> **案例启示**

锻造一支清正廉洁的员工队伍可以从完善人事管理制度与管理体系、加强对企业员工的教育两方面着手，让清廉成为员工的工作态度和自觉意识，提高员工预防和抵御各种诱惑的能力，促进企业的健康发展。

1. 完善企业人事管理制度与管理体系

完善的人事管理制度与管理体系能够从制度、组织架构、员工职责和责任监督等方面加强企业对员工的管理，规范员工的行为，形成有效的约束机制。企业通过建立自上而下的管理体系、制定详细的人事管理制度和实施细则、完善责任监督制约机制等方式，让员工从入职到离职，都有详细和规范的工作流程，使员工在制度允许的范围内行事，在企业的引导和监督下合规工作。

诺力集团在完善企业人事管理制度与管理体系方面下功夫，着力自上而下一体提振员工"廉洁心"，打造一支"清廉铁军"，进一步助力集团高质量发展。首先，诺力集团建立起自上而下的管理体系，成立了集团纪委，并设立了审计监察委员会，负责对集团员工的各种违规违纪、腐败行为进行查处。其次，诺力集团制定了详细的人事管理制度，强化考核约束，将廉洁制度纳入员工进入、考评、晋升、退出机制，从员工成长路径出发，由始至终不断强化廉洁意识。最后，诺力集团不断完善责任监督制约机制，构建员工"一张网"监督体系，绝不放松对任何一个岗位的监管，从上至下规范管理制度，将严格的纪律要求贯穿员工入企到离职、退休的始终。

2. 加强对企业员工的教育

打造清廉队伍的过程中，企业要充分发挥教育的重要作用，注重开展预防教育。通过学习培训抓早抓小，防患于未然，引领提高员工队伍思想觉悟，强化员工的责任担当；构建党风廉政教育常态化机制，通过文化教育使员工潜移默化地接受清廉教育，提升廉洁自律意识；坚持警示教育常态化，通过典型反面案例提醒公司员工时刻绷紧廉洁自律这根弦，敲响廉洁自律的警钟，始终保持清醒头脑，以脚踏实地的作风干好每一项工作；弘扬优良家风，通过推进"家庭助廉"，引导员工从名人事迹中领悟优秀的家风家训对个人及社会的积极影响，做到"以好家风推动形成清正廉洁的好作风"。

黄石新兴管业公司在推动建设清廉企业的过程中，从教育入手，努力打造清正廉洁的员工队伍，营造清廉氛围。首先，黄石新兴管业公司努力抓好预防教育，对员工进行岗前"入职树廉"培训，让新员工学习公司廉洁从业相关规章制度，剖析容易发生不廉洁行为的关键环节和岗位，强调廉洁从业的重大意义，为新员工上好入职"第一课"，打好廉洁"预防针"。其次，黄石新兴管业公司积极强化清廉文化教育引领，提高员工清廉觉悟。公司纪委将清廉元素融入企业文化，利用办公室走廊、绿化带等公共区域建设"廉洁走廊"，打造"廉洁花园"，利用党员活动室、会议室建设"廉洁书角"，摆放廉洁教育报刊供职工阅览学习。公司党委定期邀请省委党校以及武汉大学的专家学者到公司授课，举办讲座，把党风廉政教育抓常、抓细、抓长。再次，黄石新兴管业公司还不断强化警示教育，在全公司播放警示教育片，并编写《警示案例选编》电子书，通过微信群推送给全体干部职工。最后，新兴管业公司积极开展"家庭助廉"，在重要节点前向全体职工家属发送《家庭助廉倡议书》，并组织公司党员干部学习《清风传家》《红色家规》等读本。

只有不断完善企业人事管理制度与管理体系，坚持常态化教育，才能进一步提高企业员工的思想觉悟与政治觉悟，使员工的行为更加符合企业清廉规范，从而使员工能够以良好的思想作风与精神风貌来完成新时代企业清廉建设的重要任务。

小 结

本章聚焦于企业各部门、各主体的清廉治理，从有针对性地加强企业各部门清廉建设、企业领导干部带头构建"亲""清"政商关系、锻造一支清正廉洁的企业员工队伍三个方面选取案例并进行论述，分析加强企业各部门、各主体清廉建设的必要性和紧迫性，并为各部门、各主体的清廉治理提供了参考意见。在经济发展新常态下，加强企业各部门、各主体的清廉建设，能够从企业中的各个单元出发，为企业的清廉建设凝聚强大合力，对于真正落实全面从严治企、不断推进新时代下企业的党风廉政建设和反腐败工作具有重要意义。

企业要加强各部门的清廉建设，从关键部门着手，在其内部开展清廉风险排查工作，确定部门存在的廉洁风险点并排除隐患，避免风险扩散成严重的腐败问题。根据存在的风险点，有针对性地完善部门管理制度和监督治理体系，为深化部门清廉建设提供制度保障。同时，企业应当压实关键部门从业人员的主体责任，构建员工办公基本素质提升考核机制，完善员工主业主责管理制度，加强关键部门人员廉洁教育，助力员工承担使命、压实责任，使得"廉洁"这一关键词贯穿其工作的始终。企业要加强对各主体的清廉建设，保证领导干部的清正廉洁，不断提升员工的清廉意识。企业领导干部要带头构建"亲""清"政商关系，把握新时代背景下政商关系的核心内涵，即"亲""清"两字。企业领导干部既要与政府常沟通，承担其社会责任，为政府工作提出可参考、可实践的建议，并让政府了解到企业自身的发展现状，从而使政府更好地支持企业发展，也要自觉发挥榜样作用，保持自身的清廉干净，不搞权钱交易，在与政府的交往中做到既"亲"又"清"。员工队伍的清廉建设，既要注重完善人事管理制度与管理体系，加强对员工的管理，形成有效的约束机制，也要坚持对员工进行常态化教育，发挥教育潜移默化地教化人的重要作用，通过预防教育、文化教育和警示教育等方式，引导企业员工自觉遵纪守法，始终保持清醒头脑，以脚踏实地的作风干好每一项工作，为企业清廉建设与高质量发展贡献个人力量。

第四章

加强企业清廉文化建设
因地制宜开展清廉活动

概　述

　　文化作为一种精神力量，能够在人们认识世界、改造世界的过程中转化为物质力量，对社会发展产生深刻的影响。清廉文化以廉洁为核心、以文化为载体，能够在潜移默化中提升个体廉洁从业、廉洁做人的意识，促使人们形成廉洁信念和廉洁信仰，自觉抵制腐朽思想侵袭。加强新时代清廉文化建设，是构筑拒腐防变教育长效机制、推进党风廉政建设的一项重要内容。必须把加强清廉文化建设作为一体推进不敢腐、不能腐、不想腐的基础性工程抓紧、抓实、抓好，筑牢拒腐防变的文化"堤坝"。

　　企业的清廉文化是企业精神文明建设的重要内容，是企业精神、企业价值观、企业核心经营理念的重要体现，是企业实现科学管理、科学发展的重要基础，是企业员工思想道德教育的重要组成部分，也是塑造清廉企业风气、维护和谐劳动关系的重要保障。

企业需要不断加强清廉文化建设，通过清廉文化的宣传、教育、引导和熏陶，让企业成员树立起干事、干净的清廉从业理念，使企业成员坚决抵制官僚主义、拜金主义、享乐主义和极端个人主义等腐朽思想，把清廉观念内化于心，自觉付诸行动。

企业加强清廉文化建设，要因地制宜地培育企业清廉文化，用当地积淀深厚的清廉资源推动清廉文化深入人心；要丰富企业清廉文化载体，通过载体创新调动员工学习清廉文化的积极性，弘扬企业清风正气；要组织开展企业清廉文化活动，发挥文化活动的导向和辐射作用，在活动中引导员工树立清廉思想；要加强企业领导干部清廉文化建设，用清廉文化提高企业领导干部思想觉悟，使其筑牢思想道德防线，推动企业清廉工作的深入开展。

第一节　因地制宜培育企业清廉文化

清廉文化能够推动清廉企业建设，可以汇聚成一种无形的、潜在的力量，从而弘扬正气、鞭挞腐化。

但是，清廉文化建设是一项具有长期性、复杂性的系统工程，要想让清廉文化真正深入人心、发挥移风化人的积极作用，就需要其具有深厚的思想积淀与强大的感召力量。企业要立足自身实际，深入挖掘不同地区的资源潜力，因地制宜地培育清廉文化，让优秀的本地资源和先进的企业清廉建设经验相互碰撞、融合，形成促进企业健康发展的强大合力。

企业因地制宜地培育清廉文化，可以通过挖掘历史资源、发挥传统文化优势，打造独具特色的清廉文化品牌，在推动清廉文化建设方面走在前列、作出示范。企业可以依托本地区得天独厚的特色清廉资源，结合当地经济发展的特点和需要，打造好企业清廉文化阵地，将清廉文化建设与企业生产经营活动相结合、与企业日常管理工作相结合、与党员干部作风建设相结合，使清廉文化入脑入心、见行见效。

案例 1 国家电网挖掘特色资源 因地制宜开展廉洁教育

（来源：中共中央纪委国家监委官方网站 2022 年 7 月 7 日）

国家电网经营区域覆盖 26 个省区市，供电范围占国土面积的88%，供电人口超过11亿。中央纪委国家监委驻国家电网公司纪检监察组主要负责人表示，国家电网公司要想提高廉洁文化建设的针对性和实效性，重在结合实际、因地制宜。该纪检监察组在专题调研基础上，指导国家电网公司纪检监察机构针对不同地域特点开展廉洁文化建设，立足各地特色资源，厚植廉洁文化土壤。近年来，国家电网公司各级纪检监察机构发挥组织推动作用，将历史文化与廉洁文化有机贯通，丰富融合传播载体，用好红色基地、家风家训等鲜活教材，创作喜闻乐见、易于传播的廉洁文化作品，推动廉洁文化建设"实"起来。

国网青海电力公司纪委组织党员干部前往位于青海金银滩草原上的原子城"两弹一星，电力传承"学习实践基地，开展廉洁文化教育活动，实地体悟"两弹一星"精神，传承红廉基因。上海是党的诞生地，也是中国第一盏电灯点亮的地方。国网上海电力公司利用上海丰富的红色资源和百年电业传统的独特优势，联建中共一大、二大、四大会址等红色教育基地，打造上海市级爱国主义教育基地闸北电厂教育基地，将党的纪律教育融入其中。国网甘肃电力公司深入挖掘当地历史文化、革命文化资源中的廉洁元素，着力打造"丝路红廉"廉洁教育阵地，建成刘家峡水电厂全国爱国主义教育基地，围绕党史重大事件、重要活动、重要人物，依托南梁革命纪念馆、会宁红军会师纪念馆、中国工农红军西路军纪念馆建成3个红廉教育基地。目前，4个基地累计接待公司员工1.18万余人次。国网吉林电力公司运用省内革命博物馆、纪念馆、党史馆等红色资源，串点成线，形成红色教育矩阵，将讲授廉政党课、重温入党誓词与"重走抗联路"等体验式学习有机结合，组织党员干部在现场红色教育活动中，传承党史中的廉洁基因。国网河北电力公司挖掘邱县漫画、武强年画、阜城剪纸等地方文化资源优势，建设"廉年有余"廉洁教育展厅，制作"三鱼争廉"勤廉先贤长廊，实现潜移默化的教育效果。这些都是国家电网公司基层单位结合当地资源推进廉洁文化建设的生动实践。

廉洁文化建设重在抓常抓长。中央纪委国家监委驻国家电网公司纪检监察组主要负责人表示，该纪检监察组将继续把廉洁文化建设作为一体推进不敢腐、不能腐、不想腐的基础性工程抓紧、抓实、抓好，持续涵养风清气正的政治生态。

案例2　国网青神县供电公司："竹引清风"徐徐来　廉洁文化入电企

（来源：中国新闻网　2022年8月16日）

青神县，享有"竹编艺术之乡"的美誉。"竹"被喻为君子的化身，用以表现正直、坚韧、挺拔的人格品质。国网青神县供电公司将地域文化与公司廉洁文化相结合，将竹的元素作为廉政建设的主载体，以竹喻廉，建立起了"竹引清风"廉洁教育基地，引导全体员工更好地传承"人民电业为人民"的企业宗旨。

"竹引清风"廉洁教育基地位于国网青神县供电公司白果供电服务站内。基地以青神县"半城山水半城竹"的特点为文化基础，分为教育区和活动区两大区域，内设廉洁教育室、"竹林长廊""心语话廉墙""警醒桥""廉政画屏"等二十余个展区。该教育基地提炼了竹子柔韧顽强、正直无私、虚心谦和、高风亮节的廉洁精神和品质，悬挂了相应的名言警句，还选取了许多行业内的典型案例，比如一些安全生产方面的高危项目，以及优质服务、电费回收方面的廉政风险等案例，让员工引以为鉴，时刻提醒公司员工，做事一定要干干净净，做人一定要清清白白，守住工作和生活的底线。

在国网青神县供电公司的文化角，工作人员趁着休息间隙学习，有的看书读报，有的练习书法、陶冶情操，大家不时相互分享自己的感受。进行这样的交流学习是该企业员工的常态。工作之余，公司员工们经常到廉洁教育基地参观，公司也会常态化组织大家来这里接受廉洁教育，这让员工们深刻感受到"廉洁"并不是一个离他们很遥远的词语，而是可以真真切切地体现在每个平凡岗位工作之中的精神。通过建立与竹文化相关的廉洁教育基地，该公司将地域特色文化与廉洁文化有机结合，有效地引导员工强化安全生产、优质服务、党风廉政等方面的底线思维和红线意识，增强其纪律观念和规矩意识。2020年，该基地被评为青神县廉洁文化示范点，进一步增强了该基地在系统内外的教育影响力。2021年，该基地及配套原创歌曲《清风歌》先后得到了眉山市纪委、眉山市委宣传部等单位的高度赞扬。

此外，为全方位营造不敢腐、不能腐、不想腐的思想氛围，增强廉洁文化宣传效果和影响力，国网青神县供电公司还接待系统内外干部职工逾2000人次，协助各单位进行警示教育，先后开展"微型廉课""红线巡讲""道德讲堂"等活动30余次，形成对党员干部、新提拔管理人员、关键岗位人员、新进大学生进行"竹引清风"廉洁教育的常态机制,不断增强他们接受廉洁教育的积极性。下一步,国网青神县供电公司将继续因地制宜,深度融合竹文化、红色文化、"三苏"文化,以打造"青廉"企业为契机,不断丰富"竹引清风"廉洁教育基地的内容和功能,充分发挥该基地对系统内外干部职工的警示教育作用,推动公司党风廉政建设向纵深发展。

案例启示

因地制宜地培育企业清廉文化,能够让企业成员更容易理解清廉文化、更容易实践清廉文化,真正做到让清廉文化入脑入心,为企业清廉建设营造良好的文化氛围。培育企业清廉文化可以从挖掘历史资源和挖掘地域资源两个角度出发,因地制宜地探索本地区特色清廉文化。

1. 将历史资源与清廉文化有机结合

中国作为历史悠久的国家,几乎每一寸土地都拥有丰富的历史资源与灿烂的文化传统,这是历史遗留给我们的珍贵财富。对于大多数企业而言,进行企业清廉文化建设需要依托厚重的思想文化传统。挖掘、发展并弘扬丰富的历史文化资源，形成具有地域特色的企业清廉文化是因地制宜培育企业清廉文化的一条重要路径。

国家电网公司各级纪检监察机构推动各分公司将历史文化与清廉文化有机贯通，立足各地特色资源，用好红色基地、家风家训等鲜活教材，因地制宜地创作人们喜闻乐见、易于传播的清廉文化作品，推动清廉文化建设"实"起来。国网青海电力公司纪委结合本地"两弹一星"的历史资源，组织公司员工前往"两弹一星，电力传承"的学习实践基地，开展清廉文化教育活动，实地体悟"两弹一星"精神，传承红廉基因；国网上海电力公司利用上海丰富的红色资源和百年电业传统独特优势，联建中共一大、二大、四大会址等红色教育基地，打造上海市级爱国主义教育基地闸北电厂教育基地，将党的纪律教育融入其中，等等。这些都是将当地历史文化资源有机融入企业清廉文化建设的生动案例，其他企业可以借鉴这一思路，从历史中提炼清廉文化，传承历史中的廉洁基因。

2. 将地域文化与清廉文化有机结合

地域文化作为人们日常生活中接触最多、感悟最深的文化资源，能够更好地起到塑造人、影响人的重要作用。通过发掘地域文化中的清廉文化，并将其与公司清廉文化相结合，既可以提高员工对清廉文化的认同感，又能使清廉文化在潜移默化中为公司发展提供源源不断的动力。

国网青神县供电公司以青神县"半城山水半城竹"的特点为文化基础，将竹的元素作为廉政建设的载体，以竹喻廉，建立起了"竹引清风"廉洁教育基地。该教育基地提炼了竹子的廉洁精神和品质，悬挂了相应的名言警句，选取了许多行业典型案例，提醒公司员工清廉做人做事，守住工作底线。通过建设"竹引清风"廉洁教育基地，国网青神县供电公司将地域特色文化与清廉文化有机结合，因地制宜地培育出独特的公司清廉文化，充分发挥了"竹引清风"廉洁教育基地对系统内外干部职工的警示教育作用，推动了企业清廉文化建设向纵深发展。

因地制宜地培育公司清廉文化可以从发掘公司所在地区的历史资源和地域资源两方面入手，汲取深刻厚重、源源不断的思想养料，推动企业清廉建设更加深入地展开。

第二节　丰富创新企业清廉文化载体

　　清廉文化作为企业文化的一部分，其形式载体是丰富多样的。随着时代的变迁，员工对思想文化教育形式的需求已不仅限于传统的讲座、报纸、会议等载体，这就给企业推进清廉文化建设提出了载体创新的要求。企业要坚持把加强清廉文化建设作为一体推进不敢腐、不能腐、不想腐的基础性工程，不断创新方式、发掘文化载体，扎实推进清廉文化建设走深走实，让清廉文化教育"活"起来。

　　企业要创新清廉文化载体，一方面需要结合当前形势，把握时代主题，主动适应信息化和新媒体被广泛应用的新趋势，发挥互联网思维，运用短视频、H5等多种形式，对企业员工开展清廉文化宣传和教育引导；另一方面，需要精准对接受众需求，深入发掘贴近生活、贴近工作、贴近员工的宣传教育载体，以"润物细无声"的方式把清廉文化理念融入企业成员的工作生活中，以生动亲切的形式吸引广大员工积极参与到企业清廉文化建设中来。

> **案例1　创新清廉文化载体　推动清廉建设走深走实**
>
> （来源：山西交通控股集团有限公司官网2022年3月31日）

山西交通控股集团有限公司晋城高速公路分公司自成立以来，围绕中央《关于加强新时代廉洁文化建设的意见》，积极探索，深挖地方廉洁因子，将清廉文化浸润于企业文化发展脉络上，从"硬"建设和"软"文化两个方面入手，不断创新清廉文化载体，为公司营造了风清气正的清廉文化氛围。

不断加强"硬"建设，打造清廉文化建设的硬件设施。公司精心打造了"一牌一亭一林一池一廊一墙一室"特色廉政文化园，该文化园由"半饱亭"、廉政宣传牌、"清风竹林"、"爱莲池"、廉政长廊、廉政文化墙和"涤心谈话室"构成，将自然景观、人文历史和清廉文化融为一体，潜移默化地引导党员干部尊廉崇洁、奉公敬业。2022年，晋城高速公路分公司为深入宣传清廉文化，增强清廉文化的说服力、感染力和亲和力，又重新打造了100米长、3米高的"U"形廉政文化墙。廉政文化墙顶部有"清正廉洁，心清如水"八个大字，这是公司提出的清廉文化理念，共"廉政文化""家风家训""职业道德"三大类,从新时代清廉文化建设理念到传承地方好家风,再到身边的先进典型,全方位地展现了公司清廉文化建设的出发点和落脚点。

不断加大清廉文化软实力建设,创新清廉艺术载体。公司将职工的书法、绘画、剪纸等廉洁作品装裱后展示于办公走廊的墙面上。同时,基层单位干部职工创新思维,从细微处着手,设计制作了一些带有廉洁元素的工作用品——廉政笔记本、廉政笔筒、廉政鼠标垫、廉政围裙等,将廉洁教育融入干部职工日常工作生活,让广大干部职工接受近在咫尺的廉政教育,真正让清廉文化入眼、入脑、入心。

"修文而润其内,养德以固其本。"山西交通控股集团有限公司晋城高速公路分公司坚持围绕"纵向到底、横向到边"的清廉文化建设目标,拓展新思路,探索新方法,发掘新载体,打造具有地方特色的清廉文化,大力传播清廉声音,弘扬清风正气,让每一位干部职工在"润物细无声"中感受阵阵"廉洁清风"。

案例2 宏益联公司创新载体 深入推进清廉文化建设

（来源：天津食品集团官方微信公众号2022年9月13日）

2022年是天津农垦宏益联投资有限公司纪检监察工作"强筋骨，打基础"的关键一年。近年来，公司坚持以高标准、严要求落实企业清廉工作，积极按照集团党委、纪委进一步加强新时代清廉文化建设的要求，聚焦公司金融产业，加紧清廉建设，围绕金融板块特点制定方案，创新载体，丰富清廉文化内涵，扎实推进清廉文化建设，一体推进不敢腐、不能腐、不想腐，助力集团金融板块高质量发展。

宏益联公司着力建设廉洁文化园地，营造清廉文化氛围。宏益联公司纪检监察室结合金融板块产业特点与人员结构，开展"我心中的廉洁是什么"活动，将公司干部职工结合岗位工作对廉洁本质的思考记录在感想卡片上，并张贴在廉洁文化园地，供金融板块干部职工交流分享，营造了清廉守正、实干担当的浓厚氛围，启发党员干部结合工作思考廉洁自律新作为。

宏益联公司努力打破传统思维，创新清廉文化作品。首先，打破传统媒体形式限制，以新媒体制作发布清廉文化宣传作品。2022年，宏益联公司纪检监察室在重要节日前夕制作发布4期动态H5，以图片、文字、声音相结合的方式向金融板块全体职工发出廉洁过节提示，要求全体职工在享受假期的同时，时刻提醒自己廉洁过节、安全过节、文明过节。其次，征集各类形式文化作品，提升员工清廉文化参与度。为了引导广大党员干部增强廉洁自律意识，秉承"为廉洁建设赋予更加强大的文化魅力"的工作理念，公司开展了"廉洁金融，有你有我"清廉文化作品创作活动，征集书法、漫画、诗歌等门类的清廉文化作品，增强了清廉文化建设在公司金融板块内发挥的作用，提升了从业人员廉洁从业意识，进一步推动公司金融板块形成清正廉洁、遵纪守法的价值观念。最后，设计更加生活化、具有实用性的清廉文化产品。为了将清廉文化建设融入公司金融板块，使清廉文化建设更加细节化、具体化、职场化，公司设计制作了具有金融板块产业特点提示字样的鼠标垫，分发给相关干部职工使用，时刻提醒他们廉洁从业，提高履职尽责意识，不断筑牢他们拒腐防变的思想防线，为公司金融板块高质量发展注入清廉动力，营造清廉的经营氛围。

此外，公司注重行业融合交流，采取"请进来"的形式，邀请武清区金融局和同业单位的相关人员交流金融行业工作经验，对标行业内优质金融企业的清廉文化工作。通过行业融合交流，开拓监督检查工作思路，扩展金融板块廉洁建设角度，丰富清廉文化建设工作内涵，不断加强"清廉金融"工作的饱和度。下一步，宏益联公司将持续深化载体创新，为公司清廉建设提供坚强的文化保障。

案例启示

创新清廉文化载体，要善于将传统的文化载体改造成新形势下符合员工需求的文化载体，注重探索、发掘新的文化载体，既要加强清廉文化硬件设施建设，也不能忽视清廉文化"软"载体建设，从而使清廉文化切实走进企业、贴近员工。

1. 加强清廉文化硬件设施建设

建设、完善清廉文化园、清廉文化墙等硬件设施，能够助力企业有效深入宣传清廉文化，营造浓厚的清廉文化宣传氛围，增强员工对清廉文化的认知，促进员工形成"以廉为荣，以贪为耻"的清廉文化共识,潜移默化地引导员工尊廉崇洁、奉公敬业,增强清廉文化的说服力、感染力和亲和力,为进一步推进清廉企业建设打下坚实基础。

晋城高速公路分公司和宏益联公司都注重打造清廉硬件设施,助力清廉文化建设。晋城高速公路分公司精心设计了特色廉政文化园,将自然景观、人文历史和清廉文化融为一体;打造廉政文化墙,从新时代清廉文化建设理念到传承地方好家风,再到身边的先进典型,全方位地展现公司清廉文化建设的出发点和落脚点。宏益联公司着力建设廉洁文化园,以此作为清廉文化和廉政教育的平台,将记录干部职工对廉洁本质思考的感想卡片张贴在廉洁文化园地,供大家交流分享,营造了清廉守正、实干担当的浓厚氛围。

2. 完善企业清廉文化"软"载体

清廉文化"软"载体,如书法、绘画、剪纸等艺术作品及廉洁鼠标垫、廉政笔记本等生活用品,为清廉建设赋予了更加强大的文化魅力。"软"载体将廉洁教育融入职工日常工作生活,具有较强亲和力、影响力、感召力,能够调动公司成员积极参与创作,加深员工对清廉文化的理解,在潜移默化中影响员工的思想与行为,真正让清廉文化入眼、入脑、入心。

晋城高速公路分公司和宏益联公司都注重加强清

廉文化"软"载体建设，创新清廉文化产品。晋城高速公路分公司基层单位的干部职工创新思维，创作书法、绘画、剪纸等廉洁作品，并由单位展示于办公走廊的墙面上，设计制作带有廉洁元素的工作用品如廉政笔记本、廉政笔筒、廉政鼠标垫、廉政围裙等，让广大干部职工接受近在咫尺的廉政教育。宏益联公司征集书法、漫画、诗歌等门类的清廉文化作品，加强了员工对清廉文化建设与金融业务相结合的理解，设计制作具有金融板块产业特点提示字样的鼠标垫，分发给相关干部职工使用，时刻提醒其廉洁从业，筑牢其拒腐防变思想防线。

总之，企业需要创新清廉文化载体，在"硬"建设和"软"载体上下功夫，进一步调动员工参与清廉文化建设的积极性、主动性和创造性，为公司清廉文化建设凝聚力量。

第三节　组织开展企业清廉文化活动

企业开展文化活动能够弘扬企业精神和企业价值

观,帮助企业成员明确企业宗旨和经营理念,提高企业成员的思想认识和综合素质,以此来引领员工的思想和行为,使员工认同、接受并积极践行企业文化,进而提高企业的文化软实力。不仅如此,开展文化活动还能够综合反映企业的文化实力,增强人们对企业的了解,从而更好地展示企业形象,促进企业长远发展。

清廉文化活动是企业以清廉为主题开展的重要文化活动。企业积极组织清廉文化活动,能够提升员工的职业道德和专业素质,引导企业成员廉洁从业、诚信守法,使清廉理念深入员工内心,使员工在日常工作中自觉抵制各种腐败现象和不良风气,能够发挥文化活动的导向和辐射作用,在企业内部营造风清气正的氛围,在企业外部树立清正廉洁的形象,推动企业健康发展。

案例1 厚植清廉文化基因 筑牢拒腐防变思想根基

（来源:黑龙江网 2022年10月24日）

为深入落实《关于加强新时代廉洁文化建设的意见》,中国银行保险监督管理委员会黑龙江监管局、黑龙江省银行业协会工作部署以及兴业银行总行《"清廉兴业"文化建设工作规划（2022—2024年）》的要求，兴业银行哈尔滨分行久久为功、坚持不懈地培育清廉工作理念、管理制度、职业道德、行为规范，深入建设富有兴业特色的清廉金融文化，并为此开展了清廉文化建设系列活动，从亲情关系、客户关系出发开展清廉文化宣传教育类活动，辅之以《承诺书》，全面且有效地提高了员工的清廉文化水平。

家风无言，润物无声。兴业银行哈尔滨分行以亲情为纽带，开展了"赓续红色家风 书写廉洁家书"主题活动。本次活动以哈尔滨分行党支部为单位，共从13个分行党支部收集到近300份廉洁家书家训及家庭照片，制作成廉洁家书卡片，由家庭成员在廉洁家书卡片上签名，以党支部为单位，在分行五楼展示墙进行廉洁家书展示。"勤于业，俭于家，言忠信，行笃敬""污泥不染为尊，清正廉明为贵""以爱兴家、以德治家、以俭持家、以廉保家"，清廉家风在字里行间传递。展示活动吸引了分行员工驻足观看，大家表示，良好家风和家庭美德引领家庭文明建设，通过观看党员们的廉洁家书，进一步坚定了初心使命，涵养了清风正气，从中汲取了前行力量。本次活动中，分行纪委向750余位员工家属发出倡议：守好"幸福门"、提供"廉助力"、常吹"廉洁风"、管好"廉洁账"。各机构、各部门负责人的廉洁从业家书,由主管行领导在家访时送到家属手中;其他员工的廉洁从业家书,由部门负责人在家访时送到员工家属手中。家属们纷纷表示,从自身做起,从现在做起,从家庭做起,以实际行动守护幸福家庭。一定守好清廉之门,营造清廉家风,使家庭成为和谐美满的幸福港湾,为兴业银行哈尔滨分行打造一支信念坚定、敢于担当、奋楫争先、清正廉洁的干部员工队伍贡献家庭力量。

群众是最强有力的监督力量。兴业银行哈尔滨分行以客户关系为纽带,开展了"廉洁文化进厂企"活动。2022年是兴业银行哈尔滨分行"清廉兴业"文化建设工作规划开启之年。为积极构建"亲""清"银企关系,畅通客户监督渠道,推进形成"三不腐"长效机制,此次活动面向企业客户和个人客户进行,覆盖700余名个人客户及300余户企业客户。兴业银行哈尔滨分行向客户送达《廉洁从业告知书》,告知该行的廉洁规定,邀请客户成为"廉洁监督员",向客户公布举报途径。此次活动让客户更加了解兴业银行哈尔滨分行的企业文化和清廉文化。兴业银行哈尔滨分行也组建了一支1000余人的"客户监督员"队伍,进一步增强了监督力量,拓宽了问题线索来源。兴业银行哈尔滨分行的员工们表示,将遵守廉洁规定,接受客户监督,始终保持对权力的敬畏感,一如既往地用心、用情、用智为客户提供优质高效的金融服务,共同建设清廉金融文化,持续与客户"同兴业、共成长"。

"官无德不可用,商无道走不远。"兴业银行哈尔滨分行开展了签订《构建"亲""清"银监关系承诺书》活动,为清廉文化建设活动提供保障。继出台《兴业银行哈尔滨分行与黑龙江银保监局非公务交往实施细则》后,兴业银行哈尔滨分行又有新举措,即开展签订《构建"亲""清"银监关系承诺书》活动。本活动对象为两家二级分行的行领导及内设部门负责人、分行各部门负责人、与监管部门工作接触较多的相关岗位人员。他们在《构建"亲""清"银监关系承诺书》上郑重签名,作出承诺:树立健康的职业观,带头抵制"酒桌文化""找人文化",坚守从业底线;把与黑龙江银保监局工作人员"零物质往来"当作一条铁律,内化于心、外化于行;坚持公私分明,准确把握公务交往和非公务交往之间的分寸,以不影响公正执行公务、不损害监管干部形象为交往准则,避免一切可能影响监管工作公正性、廉洁性的行为,防范"瓜田李下"和负面舆论风险。

"修文而润其内，养德以固其本。"兴业银行哈尔滨分行还积极承担社会责任，开展了清廉文化进校园活动。为发挥清廉文化养德固本的作用，帮助即将走向社会的大学生树立廉洁从业的价值取向，增强大学生未来廉洁从业的政治定力、怀德自重的抵腐定力，兴业银行哈尔滨分行走进校园，与大学生积极互动。第一场活动在哈尔滨商业大学开展，有170余名同学现场参加。分行员工通过现场宣教，向大家宣传廉洁意识、规矩意识、风险意识。大学生是党和国家事业薪火相传的生力军，一定要对廉洁问题有清晰的认识，要对照初心使命，看清哪些事情该做、哪些事情不能做，守住拒腐防变的防线，扣好廉洁从业"第一粒扣子"。分行员工告诫大家算好"人生七笔账"，要涵养廉洁自律的道德修为，心有所畏、言有所戒、行有所止，不断锤炼意志力、坚忍力、自制力，做一个一心为公、一身正气、一尘不染的人。现场的同学们表示，生逢伟大的时代，他们定将以"时时放心不下"的责任感，在实现中华民族伟大复兴的时代洪流中踔厉奋发、担当笃行、建功立业。

兴业银行哈尔滨分行通过系列活动，不断厚植清廉金融文化基础，涵养以清为美、以廉为荣的清廉文化,积极构建"亲"而有度、"清"而有为、清清爽爽的工作关系、银企关系、银监关系,筑牢一体推进"三不腐"体制机制建设的思想根基,不断激发党员干部清廉内生动力,引领分行清正廉洁健康运行。

案例2 廉洁文化"活"起来 企业风气好起来

（来源：《深圳商报》 2020年12月15日）

为传递廉洁价值理念,培育风清气正的国企文化,2020年9月至11月,深圳市国资国企系统围绕"严守政治纪律,践行'两个维护'"主题,统筹谋划、全面布局、精心组织,扎实开展一系列有温度、接地气的廉洁文化建设活动,把廉洁因子融入企业文化,发挥文化的自律、教化、育人功能,在潜移默化中筑牢干部员工拒腐防变的思想防线,在全系统营造崇廉尚洁的良好从业氛围。

深圳市国资国企通过开展宣传教育类活动,提高企业干部员工的清廉意识。企业一方面积极开展形式多样的廉洁文化宣传活动,另一方面则运用典型案例开展警示教育。深圳能源集团有限公司妈湾发电总厂在2020年中秋、国庆"双节"来临之际,精选素材,推出由电厂员工作词作曲并自编自导自演的廉政原创MV《坦荡》；深圳燃气集团有限公司开展"清风相伴·读书思廉"读书会活动，宣传廉洁思想；深圳交易集团有限公司举办了"不忘初心、牢记使命，廉洁从业共谋发展"廉洁文化节系列活动，坚定了员工廉洁从业的信念；深圳机场（集团）有限公司开展了"勤廉标兵"推选宣传活动，挖掘、推选了一批求真务实、作风过硬、廉洁从业、业绩突出的先进人物。这些活动通过宣传廉洁文化、宣传清廉先进人物，有效推动了清廉文化建设。在警示教育方面，深圳市纪委监委派驻七组、市国资委纪委开展市属国企"身边人、身边事"警示教育活动，使党员干部在庄重严肃的教育氛围中受到触动和警醒。拒腐防变非一日之功，警钟长鸣才能时刻提醒党员干部绷紧纪律的弦。发生在身边的案例，长期共事、打过交道或者层级相同、岗位相似的"案中人"，会使受教育者产生代入感，不自觉地紧张起来。深圳市纪委监委派驻七组相关负责人表示，"就是要用这种方式推动发案单位进一步落实全面从严治党主体责任，加强管理、完善制度，推动党员干部进一步增强纪律和规矩意识，实现标本兼治，防止类似问题反复发生"。为不断提高警示教育的精准性、有效性、针对性，深圳市纪委监委派驻七组、市国资委纪委采取"线上+线下"的方式，将视频会议系统现场直播、同步观看的方式引入警示教育活动，在疫情期间举办"身边人、身边事"警示教育活动，设置"违纪违法人员现身说法"主会场及34个分会场。警示教育被列为2020年深圳市纪律教育学习月的重点内容之一，在全市国资国企中开展。深圳巴士集团股份有限公司召开纪律教育月集中学习暨党风廉政建设工作会议，教育和引导党员干部直面问题，加强廉洁自律意识，筑牢拒腐防变的思想防线，并集体观看市纪委监委拍摄的警示教育片《敬畏之失》；深圳水务（集团）有限公司通过举办廉洁从业专题讲座、参观廉政教育基地、观看警示教育片等形式，分层分类地开展多样化培训，取得良好实效；深圳能源集团股份有限公司到监狱开展警示教育，由涉案人员现身说法，直击干部内心。

深圳市国资国企通过开展以赛促学类活动，提高员工自我定位、自觉完善、自主学习清廉文化的能力。2020年以来，深圳市国资委党委积极履行党风廉政建设主体责任，持续推进廉洁文化建设。深圳市纪委监委派驻七组、市国资委纪委不断强化一体推进"三不"的实效，推动市属国企开展形式多样、符合时代特点的廉洁文化活动。深圳水务（集团）有限公司开展"廉洁奥利给"视频大赛，以Vlog、纪录片、动漫作品等形式，通过网络海选及"线上+线下"网络直播决赛，以员工喜闻乐见的方式推广廉洁文化；深圳市投资控股有限公司组织系统直属企业党组织开展"廉洁国企"主题宣传海报创意设计大赛，充分调动企业员工参与廉洁文化建设的积极性，让广大干部员工在参与中认同、推广廉洁价值理念；深圳市农产品集团股份有限公司面向基层一线及疫情防控工作中表现突出的干部员工，组织开展"勤廉之星"评选活动，深入挖掘勤廉典型，发挥榜样的作用，带动企业风气好转。这类以赛促学的活动使得广大企业员工的纪律意识和规矩意识明显增强，夯实了严守纪律底线、不越法律红线的认识基础，筑牢了拒腐防变、廉洁从业的思想防线，为企业健康发展提供了纪律和文化保障。

此外，深圳市国资国企还积极承担社会责任，向社会推广廉洁价值理念。在深圳地铁会展中心站，随处可见诸如"国以法为准，家以廉为安""再抢手的位子，也只能用来为人民服务"等各种廉洁特色标语，以及"爱廉说"主题展板等廉洁文化元素，让经过的市民直观地感受廉洁文化。像会展中心站一样以廉洁为主题的"清廉驿站"还有不少，它们由深圳市地铁集团有限公司联合深圳市纪委监委、深圳市人民检察院、深圳市国资委纪委、福田区纪委监委共同打造。在深圳市国资委党委的积极统筹谋划下，深圳市属国企主动承担社会责任，搭建廉洁文化宣传平台，彰显国企担当。深圳市地铁集团有限公司、深圳市机场（集团）有限公司等在人流密集区域创新整合廉洁文化作品发布载体，向全系统、全社会传播廉洁价值理念，增强廉洁文化的渗透力，实现受众覆盖面的最大化。据不完全统计，市属国企共有7个农批市场交易区LED显示屏，20台公交巴士，346个地铁车站广告灯箱，1086个工地施工围挡以及23729个地铁站台、车厢和机场登机口电视显示屏参与廉洁文化宣传，有效展示了国资国企崇廉尚洁的良好形象。

下一步，深圳市纪委监委派驻七组、市国资委纪委将继续强化监督检查，加强队伍建设，切实将廉洁文化建设工作责任压实到基层，有效推动纪律规矩入脑入心，营造风清气正的干事创业氛围，筑牢不想腐的"堤坝"，为粤港澳大湾区和深圳先行示范区建设保驾护航。

> 案例启示

企业应当积极开展清廉文化活动，通过宣传教育类活动或以赛促学类活动，调动企业成员的参与积极性，让企业成员亲身投入清廉文化活动之中，在潜移默化中接受廉洁价值理念的浸润和熏陶。

1. 开展宣传教育类活动

宣传教育类活动旨在通过宣传清廉知识、有关规定、具体案例等，帮助员工树立正确的价值观，筑牢员工的思想防线，弘扬清风正气，培育清廉文化。宣传教育类活动可以表现为传统形式的讲座、座谈会、交流会等，也可以结合新媒体技术以"线上+线下"的方式进行；可以宣传先进典型、榜样人物，也可以列举负面人物，进行警示教育；可以动员企业领导员工积极参与，也可以充分发挥亲属等其他社会主体的独特作用。

深圳市国资国企为提高企业员工对清廉文化的理解，一方面创新载体，开展形式多样的清廉文化宣传活动，如推出完全由员工作词作曲并自编自导自演的廉政原创MV《坦荡》，开展"勤廉标兵"推选宣传活动，挖掘、推选先进人物；另一方面则运用典型案例进行警示教育，如为增强受教育者的代入感而开展

"身边人、身边事"警示教育活动,为提高警示教育的精准性和有效性开展"线上+线下"方式的警示教育活动。兴业银行哈尔滨分行充分发挥家庭在推进清廉文化建设中的作用,组织开展廉洁从业家书活动,收集廉洁家书家训及家庭照片,制作成廉洁家书卡片,由家庭成员在卡片上签名,在分行展示墙进行展示,并最终送到员工家属手中,让清廉文化走进员工家庭、浸润员工内心。

2. 开展以赛促学类活动

以赛促学类活动主要指的是比赛类或评比类活动。企业围绕清廉文化主题举办以赛促学类活动,一方面可以提高员工的参与度和积极性,使员工真正参与到清廉文化的建设中来;另一方面可以以员工喜闻乐见的方式推广清廉文化,提高清廉文化普及度和认同度,形成崇廉尚洁、清廉从业的企业风气,推动企业清廉文化建设持续开展。

深圳市纪委监委派驻七组和市国资委纪委不断推动市属国企开展形式多样、符合时代特点的清廉文化活动,把廉洁基因融入企业文化。在其引导下,深圳水务(集团)有限公司通过网络海选及"线上+线下"网络直播等形式开展"廉洁奥利给"视频大赛;深圳市投资控股有限公司组织系统直属企业党组织开展

"廉洁国企"主题宣传海报创意设计大赛,让广大干部员工在参与中认同、推广廉洁价值理念;深圳市农产品集团股份有限公司组织开展"勤廉之星"评选活动,深入挖掘勤廉典型,带动企业风气好转。

除在企业内部开展清廉文化活动之外,企业也应积极承担社会责任,在社会面开展清廉文化的宣传活动,使全体社会成员在潜移默化中接受清廉教育,营造清正廉洁的社会风气,促进企业营商环境的优化,助推企业清廉建设。

第四节　加强领导班子清廉文化建设

习近平总书记在中共第十九届中央纪委六次全会上强调,"领导干部特别是高级干部要带头落实关于加强新时代廉洁文化建设的意见,从思想上固本培元,提高党性觉悟,增强拒腐防变能力"。清正廉洁是企业领导干部应该具备的基本素质,也是党对领导干部的基本要求。企业领导班子重视清廉文化建设、带头严守廉洁准则,能够对全企业起到表率作用,形成辐射带动效应,从而推动企业清廉文化建设。

"公生明,廉生威。"领导干部要明大德、守公德、严私德,培养廉洁自律的道德操守;要时刻保持对所肩负职责的忠诚、对公司的热情和对廉洁信念的恪守,树立廉洁自律、克己奉公的廉洁从业楷模形象,自觉远离腐败行为;要始终坚持学习清廉文化,防微杜渐,警钟长鸣,正确运用手中权力,更好地为职工谋福利、为企业创效益、为社会作贡献。

> **案例1 夯实清廉国企之基 公司党员与领导干部深入感悟清廉文化**
>
> (来源:浙江省纪委省监委官方网站 2021年8月16日)

2021年以来,丽水市交通投资发展有限公司将清廉文化建设作为推进清廉国企建设的有力抓手,创新清廉文化传播形式,丰富清廉文化教育活动,打造清廉文化宣传阵地,推动清廉文化进企业、进头脑、进工地、进家庭,重点针对公司党员与领导干部,从阵地建设、主题教育、廉洁家访三个方面出发,积极营造浓厚的思廉、倡廉、促廉氛围。

丽水市交通投资发展有限公司着力打造领导干部清廉文化教育阵地,营造风清气正的工作环境。走进公司的新办公大楼,不仅能够感受到"新"味,还有浓浓的"廉"味。清廉文化走廊上,习近平总书记对国有企业领导干部提出的"对党忠诚、勇于创新、治企有方、清正廉洁"二十字标准格外醒目。"党规党纪、治企兴企、家风家训、廉洁自律"四大清廉文化宣传主题,时刻警醒党员职工既要有开疆拓土、干事创业的信心和决心,也要有廉洁自律、守住底线的自觉和定力。此外,公司还打造了葛洲坝项目部廉洁教育基地。该廉洁教育基地占地面积为70平方米,由室外廉洁场地和室内展厅两部分组成。室外廉洁场地利用项目部已有的带电高压线和篮球场红色底线,打造了清正廉洁"一墙三线",警示大家要筑牢廉洁"防火墙",莫触纪律"高压线",坚守底线、不越红线。室内展厅设置了"学""思""惩""践"四个教育版块,通过展示廉洁名人典故、反面典型案例、清廉文化艺术作品,宣传业主、施工单位廉洁教育特色做法,引导党员干部深刻认识廉洁的重要意义。交通工程大投入、大建设带来的廉洁风险,需要参建各方共同努力、共同防控。公司积极建设廉洁教育基地,要求企业领导班子和党员干部深刻领悟清廉的重要性,共享廉洁教育成果。纪检监察室干部表示:"我们围绕常态化宣传清廉文化,正在开展党规党纪宣传月活动。下一步，根据公司新调整的内设机构及职能，还要给大家量身定制廉洁从业'十不准'警示牌，让领导干部抬头见廉、睹物思廉。"

丽水市交通投资发展有限公司多举措开展廉洁主题教育，筑牢领导干部不想腐的思想"堤坝"。领导干部需要带头强自身、筑防线、算好账，重点防范审批式腐败、用人式腐败、支付式腐败，不越纪法红线，严守制度底线。为了提高领导干部的廉洁意识，该廉洁主题教育以会商机制为载体，构建"清廉理论共学、廉洁风险共商、廉洁问题共治"新格局，推动党员干部自觉对标对表、自查自纠，主动报告个人有关事项12人次。运用"线上+线下""党史+廉洁"教育模式，促使党员干部汲取教训、闻案自省，使党员干部主动向公司纪委说明有关情况8人次。"这个是不是重大事项？需不需要向纪委报告？""进行工地标准化建设时要不要配备一个举报箱？""是否请公司纪委的同志给予公司党员干部上一堂廉洁党课？"党员干部遇事常问，时刻保持廉洁清醒的头脑。在公司对领导干部多管齐下的教育下，干部职工规范履职意识逐步增强，参与党风廉政建设的积极性逐步提高。

丽水市交通投资发展有限公司党委、纪委对党员干部开展了廉洁家访活动，让清廉文化进家庭，家家齐"倡廉"。"经常不在家吃饭时必须过问，与管理服务对象交往密切时必须过问，拿回礼品礼金礼卡未告知来源时必须过问……"家访中，公司党委、纪委主要负责人为党员干部送上《家庭倡廉书》《家庭助廉宣传手册》《丽水好家风、好家训、好家规汇编》，宣传"公职人员不准参与的'二十类饭局'"等。有关责任人通过聊天、谈心，了解党员干部家庭情况，引导党员干部把家风建设摆在重要位置，做到廉洁修身、廉洁齐家，倡导家庭"贤内助"当好"廉内助"，织密家庭反腐的"护廉网"。

在阵地建设、主题教育和廉洁家访三方面的共同作用之下，丽水市交通投资发展有限公司的党员和领导干部深刻领悟清廉文化的重要意义，也不断警醒自身，提高廉洁自律意识，为深化"清廉国企""清廉丽水"建设贡献交投力量。

案例2　厦门轻工集团：厚德养廉，弘扬崇廉拒腐国企风尚

（来源：厦门轻工集团官方网站　2022年8月2日）

在骄阳似火的2022年7月，厦门轻工集团的廉洁文化宣传教育月红红火火地开展了起来，组织了一系列内涵丰富的活动。在集团党委的高度重视下，集团将廉洁文化宣传教育月活动作为深化党风廉政建设"两个责任"和干部职工廉洁从业教育的重要抓手，党委书记亲自部署，强调廉洁教育要求；集团纪委全力配合，保障廉洁宣传，纪委书记带头学习、与干部职工进行深入交流。党委、纪委齐心协力，组织了成效显著的"七个一"廉洁宣传活动。

厦门轻工集团从廉洁教育培训、廉政交流座谈会和学习成果测试三个方面，积极开展清廉文化宣传教育月活动。首先，开展廉洁教育培训。集团党委邀请厦门市委党校老师，为厦门轻工集团领导班子成员、本部助理及以上，各所属企业领导班子成员、中层副职及以上人员近200人讲授"警钟长鸣建设廉洁国企——关于违纪违法典型案例的若干思考"课程。培训后，继续组织大家集中观看国有企业廉洁警示教育片《警示教育知敬畏 警钟长鸣筑廉洁》，通过活生生的现实案例进一步深化巩固课程中的理论、案例、启示。古龙食品有限公司党委由党委书记为党员讲授"全面从严治党永远在路上"专题党课；古龙进出口有限公司党支部由支部副书记为党员讲授"坚守廉洁心 杜绝微腐败"专题党课；闽南旅游公司党支部由支部委员为全体党员干部及关键岗位人员讲授

"练好'三功',远离廉政风险"廉政专题党课;三圈电池有限公司党委与共建结对对象铁山社区共同开展"七一"主题党日活动,组织部分党员前往"爱心厦门"帮扶对象家中,开展爱心慰问,同时推进廉洁家风故事在基层传播。其次,举办廉洁交流座谈会。厦门轻工集团党委召集相关职能部门负责人、集团各所属企业党组织书记及相关分管领导,举办廉政交流座谈会。座谈会上有学习、有交流、有强调,明确了廉洁文化建设的重要性,强调了把廉洁文化融入日常工作、把廉洁风险防范融入企业风险防控中,增强了党员干部的政治定力和抵腐能力,进一步营造了厦门轻工集团的廉洁文化氛围。最后,测试学习成果。为了巩固廉洁文化宣传教育的学习成果,集团纪委将廉洁知识测试题库发放给各所属企业,督促各级领导干部认真学习。同时采取闭卷答题的方式,重点考察党员领导干部对党规党纪等知识的掌握和理解。集团及各所属企业分别组织中层领导干部、关键岗位人员等共257人进行集中测试,以考促学,进一步提高党员干部守纪律、讲规矩的意识。

厦门轻工集团不断加强党员与领导干部的廉洁文化阵地建设。集团党委打造"清风读书角"作为廉洁文化交流平台,并在学习园地中的党委书记"每日一讲"专栏每天发布一条廉洁文化宣传教育月专题知识。集团各所属党组织结合"三会一课"、党课宣讲等活动，推进廉洁家风故事进基层、进班组。通士达有限公司党委组织所属各支部党员及监察对象代表前往挂钩帮扶村同安区祥平街道溪林村开展"七一"主题党日活动，参观林一柱廉政教育基地，以沉浸式的学习环境激励并教育党员干部勤学笃行、清正廉洁；古龙房地产有限公司党总支组织党员、入党积极分子参观全国廉政教育基地——陈嘉庚纪念馆，感受陈嘉庚先生严于律己、诚毅处事的高尚道德品质；厦门轻工集团资产运营有限公司党总支带领全体党员走进同安区莲花镇军营村，通过参观高山党校初心使命馆、重温入党誓词等活动，引导党员干部从中汲取精神力量。

厦门轻工集团创新廉洁文化宣传载体，邀请全体党员干部积极参与，运用书画、漫画、视频等载体共同传播廉洁文化。首先，集团纪委持续推进新时代廉洁文化建设，围绕廉洁文化宣传教育月活动主题，向集团全体党员干部征集廉洁主题的书画作品，组织了一场主题鲜明、独具轻工集团特色的廉洁书画作品展。本次展览展出的廉洁书画作品均由轻工集团干部职工创作，多维度展示廉洁文化深刻内涵，展现轻工特色，筑牢清廉防线。其次，集团纪委举办了线上漫画展,在集团轻云办公系统开设"廉政漫画展"专栏,主要发布厦门市纪委监委近年来在中央纪委国家监委网站、福建省纪委监委网站刊发的"漫画说纪"系列纪法宣传作品和厦门首届廉政漫画展展出的漫画作品,以及集团干部职工自主创作的"落实中央八项规定精神'正负面清单'"系列专题漫画,以画为鉴、正面引导,增强党员干部廉洁履职意识和拒腐防变能力。最后,集团党委在集团轻云办公系统开设"清风国企"专栏,每天1部、连续13天展播厦门市纪委监委近年来拍摄的13部厦门历史名人勤廉故事专题片,让大家在勤政廉政的故事中接受熏陶,天天进步,在全集团营造人人思廉、人人倡廉、人人行廉的浓厚廉洁文化氛围。

本次廉洁文化宣传教育月活动中,厦门轻工集团把加强廉洁文化建设与落实全面从严治党相结合、与日常经营工作相结合,集团广大党员干部员工增强"四个意识"、坚定"四个自信"、做到"两个维护",提高了防腐拒变和抵御风险的能力。本次活动营造了风清气正的政治生态,培育了厚德养廉的文化氛围,推动了厦门轻工集团干部员工廉洁水平稳步提高。接下来,厦门轻工集团将使廉洁文化宣传教育成为常态,建立长效机制,构建警示教育常态化格局。将每年3月定为廉洁文化教育月，集团各所属党组织继续组织实施相关活动，持续筑牢思想防线。建立完善廉洁文化建设工作机制，把廉洁文化建设纳入年度党风廉政建设责任制考核、精神文明创建考评工作，各所属党组织把廉洁从业教育作为干部教育培训重要内容。持续坚持思想建党和制度治党同向发力，以理想信念强基固本，以先进文化启智润心，以高尚道德砥砺品格，推动廉洁文化建设"实"起来、强起来，形成干部清正、企业清廉的廉洁氛围。

案例启示

企业要不断加强领导班子的清廉文化建设，发挥领导在清廉文化建设中的榜样作用，促使管理人员坚守清廉原则，增强守法意识，提高纪律观念，弘扬正气，褒奖正能量，形成辐射效应，带动企业全体员工自觉学习清廉文化，践行清廉文化，实现领导清正、企业清廉、社会清明。

1. 打造清廉文化学习阵地

企业领导的一言一行对企业的思想风气和工作氛围都会产生潜移默化的影响，因此，加强领导班子清廉文化建设是企业清廉文化建设中的关键一环。打造清廉文化学习阵地，能够营造一种浓厚的清廉文化氛围，让领导干部置身于清正、清廉、清明的环境中，引导他们自觉树立清正廉洁意识，增强廉洁自律、坚守底线的自觉和定力。

丽水市交通投资发展有限公司积极打造清廉文化教育阵地，建设清廉文化走廊，时刻警醒党员职工；打造葛洲坝项目部廉洁教育基地，引导党员干部深刻认识廉洁的重要意义。厦门轻工集团打造"清风读书角"作为廉洁文化交流平台，并在学习园地中的党委书记"每日一讲"专栏每天发布一条廉洁文化宣传教育月专题知识。集团各所属党组织结合"三会一课"、党课宣讲等活动，组织党员们参观廉政教育基地，从中汲取精神力量。

2. 加强清廉文化宣传教育

针对领导干部，企业要积极开展多种形式的清廉文化宣传教育活动，例如邀请专家开设讲座、开展培训，进行主题教育、交流座谈，举办书画展、漫画展，展播专题片等，全方位、多维度地展示清廉文化的深刻内涵和具体案例，提高领导干部对清廉文化的认识和理解，增强拒腐防变的能力，涵养清廉文化，筑牢清廉防线。

丽水市交通投资发展有限公司多举措开展廉洁主

题教育，推动党员干部自觉对标对表、自查自纠，主动报告个人有关事项，运用"线上+线下""党史+廉洁"教育模式，促使党员干部汲取教训、闻案自省。厦门轻工集团一方面通过讲授理论课程、观看廉洁教育视频、召开专题党课、进行交流座谈等传统的方式开展清廉文化教育，另一方面创新宣传载体，组织主题鲜明、独具特色的廉洁书画作品展，举办线上漫画展，展播历史名人勤廉故事专题片，邀请全体党员干部积极参与清廉文化教育宣传。

企业通过不断打造领导班子的清廉文化学习阵地，加强领导干部清廉文化的宣传教育，敦促他们熟悉并掌握更多清廉知识与信息，更好地感悟清廉文化的精髓，在潜移默化中提升自身的清廉水平，为其带头推进清廉文化建设提供强有力的思想保证。

小 结

本章聚焦加强企业清廉文化建设，围绕企业如何培育清廉文化、如何进行清廉文化宣传教育、重点向谁开展清廉文化教育等问题,从因地制宜培育企业清廉文化、丰富创新企业清廉文化载体、组织开展企业清廉文化活动和加强领导班子清廉文化建设四个方面进行了阐述。许多企业的违法违纪腐败案例告诉我们,企业要努力抓好员工的清廉文化教育,促使员工自重、自省、自警、自励,树立正确的世界观、人生观、价值观和权力观,提高自身拒腐防变能力;要坚持系统的理念,持续推进、久久为功,有效发挥清廉文化的教育、引领、浸润功能,最终使廉洁从业成为广大企业成员的一种共同意志、一种行为准则、一种自觉实践。

根据不同地域的传统和特征,企业可以将历史资源与清廉文化有机结合,用好历史典故、红色文化、家风家训等历史资源,因地制宜创作人们喜闻乐见、易于传播的清廉文化作品,推动企业清廉文化建设"实"起来;可以将地域文化与清廉文化有机结合,运用地区特色文化,提高员工对清廉教育的接受度和认同感,促进员工深刻感悟并理解清廉文化,并为公司清廉建设提供源源不断的养料,推动清廉文化建设深入展开。在新媒介语境下,企业要注重丰富创新清廉文化载体,使得清廉文化切实贴近员工、贴近企业。既要不断加强清廉文化硬件设施建设,诸如打造清廉文化园、清廉文化墙等，全方位展现公司的清廉文化，营造清廉守正、实干担当的浓厚氛围，启发员工自觉承担清廉自律的重要责任；也要注重完善公司清廉文化"软"载体，即从日常生活与细节入手调动公司成员积极参与创作的文化载体，如廉洁鼠标垫，廉洁主题书法、剪纸等，通过这些潜移默化、温和浸润的方式，让人们受到清廉文化的浸染，使员工内心深处受到触动。此外，企业也可以通过组织开展清廉文化活动，如宣传教育类活动、以赛促学类活动，让清廉文化更好地深入人心。宣传教育类活动以讲座、交流会为典型，也可以通过歌曲演唱、漫画展览等形式，宣传清廉文化的相关知识，筑牢员工的思想防线，弘扬清风正气；以赛促学类活动主要侧重于以清廉文化为主题的比赛或评比，能够调动企业员工积极性，推动企业清廉文化建设的持续开展。领导班子作为企业的榜样力量，要特别注重加强廉洁文化建设，打造清廉文化学习阵地，加强清廉文化宣传教育，促使企业领导坚守清廉原则，增强廉洁自律、守住底线的自觉和定力，充分发挥其在清廉文化建设中的带动作用。

第五章

高效推进企业全面监督 加强清廉企业监察工作

概　述

　　企业作为财货流转、人事密集的重点单元，肩负着促进经济发展、提供产品服务、解决就业问题的重要责任，也容易滋生各种腐败问题。清廉企业建设的核心任务便是减少公司腐败、保持企业廉洁干净，而监督能够有效地约束手中有权力的人滥用职权、违法乱纪，使他们不违背行使权力的初衷。企业必须提高政治站位，强化责任担当，推进清廉建设，完善监督体系，以更高目标、更强责任感落实监督工作。全面推进监督能够增强企业清廉建设的执行力，加强企业管理层和员工的责任心，减少缺乏监督导致的各种矛盾，有效地避免监督缺失引发的各种事故。全面落实监督能够使监督者不敢腐、被监督者不能腐。对监督者来说，敢于监督是无私无畏、以治"未病"防"已病"的担当；对被监督者来说，接受监督是严管厚爱、以他律促自律的政治觉悟。

高效推进企业全面监督需要做到：第一，多主体覆盖企业监督。要充分发挥企业内、外部主体的监督力量，既让企业党委、纪委等主体加强对公司的内部监督，也注重畅通群众及其他社会力量监督公司的渠道，形成监督合力。第二，全链条加强企业监督。要加强对企业的全方位监督，形成事前、事中、事后的全链条监督，要注重对企业进行有重点的监督，加强对领导干部等"关键少数"的监督，对领导者的权力形成制约，对其履职尽责情况进行评价和检验。第三，数字化提升监督质效。数字化时代的到来为企业提升监督质效、破解监督难题提供了契机，企业应当充分利用好大数据、云计算等先进技术，建立数字化监管平台，将数据转化成更有价值的监督信息，为推动企业监管体系的完善插上"科技之翼"。通过多主体覆盖企业监督、全链条加强企业监督、数字化赋能企业监督，企业能够构建多维度、全方位、高质量的监督体系，有效地推动自身清廉建设。

第一节 多主体覆盖企业监督

企业监督的覆盖面广、监督量大，且部分企业的监督力量薄弱，单靠集团纪委的力量远远达不到监督要求。多主体覆盖企业监督是解决监督资源分散、监督力量不足的有效途径，能够最大程度整合监督力量，在全企业形成统一、协调、高效运转的监管网络，将监督工作延伸到企业的每一个角落，确保监督工作无死角、无盲区。探索建立多主体覆盖企业监督的监督模式、提升监督合力和监督质效成为健全企业监督体系的当务之急。

建立起多主体覆盖的监督模式既要发挥企业内部的监督力量，又要发动社会力量对企业展开外部监督。企业内部监督不能只靠纪委一个部门单打独斗，而要发动公司党委、公司纪委、公司领导干部、审计部门等各方面参与，形成内部监督合力。在充分发挥内部监督职能的同时，企业也要积极开展外部监督，进一步拓宽外部监督渠道，充分利用好各类资源，整合各类监督力量，激发社会监督效能，以更好地服务企业的健康经营与发展。

案例1　诸暨市交通投资集团：强化内部监督　推动清廉国企建设

（来源：澎湃新闻客户端　2022年4月17日）

2018年底，经整合重组，诸暨市交通投资集团业务板块迅速扩张，涉及工程多、资金量大、廉政风险高。为进一步强化风险防范，集团党委坚持将清廉建设要求贯穿经营管理全过程，围绕"党建+"引领清廉发展、"纪检+"共建清廉体系、"制度+"保障清廉运行、"文化+"涵养清廉风尚，项目化推动清廉国企建设。同时，聚焦重点人、重点事，加强风险排查、完善内控机制、强化日常监督，着力营造风清气正、廉洁高效的发展环境，高标准打造清廉国企交投样板。在此情况下，诸暨市交通投资集团党委在2022年上半年抽调集团纪委、监察审计部和党建室的精干力量，组建内部检查组进驻公路工程公司，通过听取汇报、谈话走访、查阅资料等方式，对该公司党建、财务、人事、工程等开展为期半个月的蹲点检查。

诸暨市交通投资集团主要侧重完善内部监督主体力量，在已有集团纪委、监察审计部等监督力量的基础上，借鉴市委巡察监督的方式方法，建立内部巡回蹲点检查机制，发现并推动解决集团本部及下属子公司在党的领导、党的建设和重点领域存在的突出问题，以此落实全面从严治党主体责任、推进清廉国企建设。据统计，不到6个月时间，内部检查组已完成对6家下属子公司的巡查工作，发现并反馈问题27个，督促制定完善制度5项，并向归口监督的市纪委、市监委派驻第一纪检监察组移送问题线索2条。

每月劳务薪资为什么都是现金发放？领款人为什么都是同一个人的签名？在查阅薪资发放资料时，这一异常现象引起了检查组成员的注意。该行为肯定违反了财务管理规定，但如此操作的背后是否还存在虚报冒领、坐吃空饷等问题呢？带着疑问，检查组对公司的管理制度、人员名册、薪酬待遇等进行全面核查，并向集团财务部门仔细了解相关制度规定。最终查明，原来该公司承担的路面施工、绿化养护等业务并非常年有工可做，为节省务工支出，公司一直采用有需要时临时聘用工人、按实际劳动天数结算工资的做法，为求方便，劳务薪资则统一由所在班组的报账人签字领取现金后分发。虽事出有因，也未发现虚报冒领等情况，但其中存在的风险隐患仍需防范。为此，检查组一边要求公路工程公司即知即改，一边将相关情况反馈至集团党委，建议举一反三，在集团下属所有子公司开展类似问题的自查自纠，落实未查先改。

"通过全面排查原有劳务用工情况,我们规范了人员准入机制。面向公路养护保洁员、驾驶员等不同工种,我们专门出台了相应管理制度和考核办法……"在集团党委对公司开展的全面内部"体检"之下,集团总体风气得到了极大改善,原有制度漏洞在检查的基础上得到了填补,员工们也提高了自律自觉的意识。诸暨市交通投资集团主要负责人表示:"我们将坚持创新,强化监督,以精准发现问题、推动解决问题,护航企业健康发展。"

案例2 桂林银行:强化外部监督 助力"清廉桂银"建设

(来源:中共桂林市纪律检查委员会、桂林市监察委员会官方网站 2022年11月21日)

2022年11月,桂林银行从农业、工商业、旅游业、新闻业等领域聘任了80余名清廉金融监督员,对全行廉洁从业、职业道德、作风建设、合规经营等方面开展监督,不断壮大多层面、广覆盖的群众监督队伍。清廉金融监督员制度是驻桂林银行纪检监察组为不断强化"内外兼修"而提出的一项重要举措,进一步推动了行内构建派驻监督、巡察监督、纪律监督、监察监督与社会监督协作的大监督格局,将监督触角延伸到各经营管理过程中,实现监督零距离,为各项业务发展提供了坚实的纪律保障。

引入清廉金融监督员的举措,充分表明了桂林银行主动接受外部主体监督的态度。监督员们表示,他们会从贷款审批、厅堂服务、意见簿反馈等方面着手进行监督,通过看资料、搞暗访等方式来开展监督工作。这种外部监督模式既可以积极反映群众诉求,也可以促进员工廉洁从业、依法合规办事。清廉金融监督员作为连接桂林银行与社会各界的纽带,要对全行的经营管理、合规合纪等方面"挑刺""揭短""建言献策",进一步拓宽外部监督渠道,激发社会监督效能,推动该行高质量健康发展。聘请监督员后,银行员工们在工作中也会更加严谨、更加细致、更加服务周到,意识到监督就在身边,始终保持谨慎态度。

派驻改革以来,桂林银行不断突出清廉在全行的重要性,将清廉金融文化建设写入公司章程,提出清廉文化建设五年规划,开展清廉金融文化主题实践活动,树立了一批清廉金融文化建设示范点,打造了一批清廉文化农村宣传点,挖掘了一批桂林银行廉洁故事,以内涵丰富、形式活泼的主题实践活动增强清廉金融文化的感染力、渗透力、影响力，将清廉打造成桂林银行的一张亮丽名片。

> 案例启示

广泛的主体投入企业监督当中，能够最大程度提升企业监督的质效，切实提高企业合规合纪水平，规范企业成员的行为，让监督助力企业清廉建设，为企业高质量发展提供有力支撑。既要强化企业内部监督，发挥内部监督主体的主动性，又要拓展企业外部监督，激发社会监督效能，形成监督合力。

1. 落实企业内部监督主体的责任

企业内部监督主体包括企业的党委、纪检机构、领导干部等在监督管理方面担任重要职责的主体，他们肩负着"抓好自身建设，做好监督工作"的重要责任，是企业落实全面监督责任的首要抓手，也是企业开展监督工作的重要基础和保障。企业内部监督主体更加了解本公司的组织架构和工作流程，更容易发现企业内部出现的清廉风险漏洞，从而能更有针对性地、高效率地敦促企业加强整改和治理，推动企业的清廉建设。

诸暨市交通投资集团党委聚焦重点人、重点事，加强风险排查，完善内部监督主体力量，强化日常监督，在集团纪委、监察审计部等监督力量的基础上，借鉴市委巡察监督的方式方法，建立内部巡回蹲点检查机制，发现并推动解决集团本部及下属子公司在党的领导、党的建设和重点领域存在的突出问题。通过全面的内部监督，既营造了风清气正、廉洁高效的发展环境，提高了员工们清正办事的意识，也助力集团精准发现问题、推动解决问题，为企业健康发展护航。

2. 强化企业外部监督主体的作用

企业外部能够参与企业监督管理的主体，包括企业成员外的群众、社会组织机构等，与企业内部监督主体一起，构成了一个相对完整的企业监督体系。企业应不断拓展扩大监督主体队伍，有效地发挥外部监督主体在企业清廉建设中的作用，按照要求自觉地向外部监督主体披露或报告经营管理情况，构建多位一体的大监督体系，提升监督效力，为企业健康发展提供强有力的纪律保障。

桂林银行主动接受外部主体监督，建立清廉金融监督员制度，从农业、工商业、旅游业、新闻业等领域聘任了80余名清廉金融监督员，对全行廉洁从业、职业道德、作风建设、合规经营等方面开展监督，不断壮大多层面、广覆盖的监督队伍。这种外部监督模式既可以加强桂林银行与社会各界的联系沟通，积极反映不同主体诉求，鼓励群众建言献策，激发社会监督效能，也可以促进员工廉洁从业、依法合规办事，从而推动该行高质量健康发展。

企业应当发动内部监督主体和外部监督主体的力量，推动内部监督主体和外部监督主体融入企业经营管理全过程，进一步健全完善监督体系，提升监督效能，让监督助力企业清廉建设。

第二节　全链条加强企业监督

《2022年国务院政府工作报告》强调要加强企业监管，并提出明确要求："加快建立健全全方位、多层次、立体化监管体系，实现事前事中事后全链条全领域监管，提高监管效能。"全链条监管能够使监管渗透在企业管理运营的全过程当中，减少企业各环节腐败现象的滋生，助力企业营造风清气正的良好发展环境。企业要不断强化事前、事中、事后的全链条跟踪、制约和监督，形成完整的监督体系，把监督治理的优势转化为清廉效能，不断提升监督管理水平，促进企业高质量发展。

全面推进清廉建设，加强企业监督，除强化事前、事中、事后的全方位监督以外，还需确保监督做精做准，突出监督重点，加强对企业领导班子这一关键群体的监督。各级纪委要严格落实监督的要求，既要加强对企业领导干部、重要岗位和关键人员的监督，也要督促同级党委加强对下级党组织中领导干部的监督，让"关键少数"在规则的范围内行使权力，推进从严治企，提高企业管理水平，促进企业健康发展，带动企业建设高素质职工队伍。

案例1　全链条监督助推国企清廉工程建设

（来源：浙江省纪委省监委官方网站　2020年10月16日）

2020年以来，平阳县纪委县监委驻县政府办公室纪检监察组在国企工程建设中探索实施事前防范、事中控制、事后反思全链条管理监督模式，助推清廉高品质工程建设，以监督提升品质。

实施事前防范式监督,对工程项目进行科学分权和定期清权,理顺权责关系。2020年,平阳县城投公司投资在建、新建重大项目20多个,涉及资金数十亿元。为有效解决国企工程建设因工作环节多、责任主体多、不确定因素多等带来的监督难问题,该派驻纪检监察组坚持前置"监督触角",认真梳理近年来平阳县审计局审计与平阳县委巡察组巡察发现的工程类廉政问题,并分析研判平阳县城投公司原有分工模式,对其提出了科学分权和定期清权两个要求。在派驻纪检监察组的监督建议下,平阳县城投公司及时调整班子成员工作分工模式,从原来按照人事、财务、法律法规政策处理、信息宣传分工分管的机关分工模式,转变为以工程为中心,按照工程前、中、后三期分层进行管理。由3个副总分别负责工程前期立项招投标、中期建设监督、后期资金支付,形成了具有国企特色的相互制约、相互监督的权力运行机制。同时,定期开展中层干部大轮岗,在多岗锻炼、培养人才的同时,有效防范岗位廉政风险点。一名原来在重大项目部的中层干部被调整到工程技术部之后感慨地说:"在同一个岗位待的时间久了,跟工程项目有关方面的人都比较熟悉,导致有些事情张不开口,出了问题拉不下面子。现在岗位一调整,新人新面貌,感党做事都能放开手脚了。"

实施事中嵌入式监督,注重日常谈心谈话,提升监督实效。该派驻纪检监察组积极与本地区国企和部分工程项目人员进行谈心谈话,从中发现监督漏洞,并了解企业员工的思想动态,防范清廉风险。例如,在与平阳县城投公司班子成员及重点岗位重点人员的日常谈心谈话中,该派驻纪检监察组发现该公司存在部分工作人员亲属从事与公司工程建设有关行业的现象。对此,该派驻纪检监察组及时提醒平阳县城投公司落实回避原则,做好这类人员的岗位调整和廉政谈话提醒。随后,平阳县城投公司对7名相关人员进行了岗位调整。此外,据日常谈心谈话了解到的情况,该派驻纪检监察组及时向平阳县城投公司党组反馈了诸如岗位廉政风险点未排查到位、回避制度未执行到位等5个苗头性倾向性问题,并提出整改意见。谈心谈话紧盯重点人重点事,在了解党员干部思想、学习、工作及生活情况的同时,对苗头性倾向性问题及时进行提醒,起到了抓早抓小、防微杜渐的效果,在事中达到嵌入式监督的监督成效。

实施事后长效监督机制,在事后形成规范化监督。该派驻纪检监察组强调既要强化日常监督,也要督促建立长效机制。"这个小区周边污水管道动迁工程费用超过95万元，按照要求需要招投标，走应急抢修小额项目的做法是否可行？"在一次工程互评会中，财务审计部有关负责人就市政经营部项目按应急抢修小额项目进行的做法是否具有相关文件支持提出了质疑。诸如此类的工程互评会经常在平阳县城投公司工作会议室召开。在派驻纪检监察组的督促下，国企定期召开工程互评会、纪委积极参与监督等形成了固定机制，通过不同工程项目负责人面对面"找茬"、点对点"挑刺"，提出合理的意见建议，推动工程监督管理查漏补缺，营造风清气正的工作氛围。同时，完善小额工程摇号和比价制度，对10万元以下的小额工程采取摇号和比价的方式，避免直接指定小额工程产生的风险漏洞。形成定期审计制度，除工程建设完成后的第三方审计外，平阳县城投公司还主动邀请平阳县审计局重点对一段时期内的工程项目内容开展审计，把事后监督做实。

平阳县纪委县监委驻县政府办公室纪检监察组通过一系列的具体举措，在国企工程建设中实施事前防范、事中控制、事后反思的全链条管理监督模式，有效地理顺了国企权责关系，强化责任担当，防止手中有权力的企业成员滥用私权，助推国企及时查补监督漏洞，以更严格的要求、更完善的监督体系，落实了平阳县国企的监督工作,进一步推动了国有企业清廉工程建设。

> **案例2** 加强对"一把手"和领导班子的监督 "头雁效应"带动清廉建设
>
> (来源:中共陕西省纪律检查委员会、陕西省监察委员会官方网站 2021年6月25日)

近日,《中共中央关于加强对"一把手"和领导班子监督的意见》正式公布,这是我党针对"一把手"和领导班子监督制定的首个专门文件,要求充分认识加强对"一把手"和领导班子监督的重要性和紧迫性,明确了纪检监察机关履行协助职责、监督责任的具体措施,持续推动主体责任和监督责任一贯到底。延长石油燃气集团省天然气公司作为系统内全面从严治党"两个责任"贯通联动一体落实改革工作试点单位之一,自2020年以来,聚焦破解对同级监督特别是对"一把手"监督的难题,进行了一系列有益探索,取得了一定的成效。

延长石油燃气集团省天然气公司不断强化"四责"协同制度。公司制定印发了《以"四个责任链"促进"四个责任"协同落实十六条措施》,推动形成

"党委（党委书记）—党委班子成员、下级党组织（党组织主要负责人）""纪委—党委、下级党组织""纪委—党委班子成员—责任领域""党委—纪委—下级纪检组织"4条责任传导链，以"四责"协同确保责任传导不衰减、建设纠偏不"卡壳"，形成了上级党组织（党组织书记）对下级党组织（党组织书记）的垂直监督、领导班子成员间的相互监督以及纪委的专责监督协同联动机制，实现了同级监督和向下监督同步落实，进一步压紧压实了管党治党政治责任。

延长石油燃气集团省天然气公司持续完善监督领导班子的制度规定。结合以案促改工作要求和企业实际，公司制定印发了《纪委监督同级党委及其班子成员管理制度（试行）》，明确了同级党委及其班子成员在遵守党的政治纪律和政治规矩、落实全面从严治党责任、选人用人、廉洁自律等7个方面31项监督内容、12种监督方式和5种监督方法，同时针对党委书记及党委班子其他成员分别单列1条各5项具体监督内容，着重加强对"一把手"和班子其他成员个人的监督。同时，制定执行《企业领导人员违规插手干预重大事项记录报告制度（试行）》，建立党委会研究讨论经营管理重大事项前置"1+X"机制和纪委委员基层党组织联系点工作机制，有效促进企业领导人员规范用权，为加强对"关键少数"和重大事项的监督提供了制度和机制保障。

延长石油燃气集团省天然气公司既强化对领导班子的日常监督，也积极开展专项整治。在日常监督方面，公司通过日常沟通、谈话了解、参加会议、外出报备等形式，推动靠前监督、跟进监督、全程监督，及时"咬耳扯袖"，不断深化日常监督，跟进监督提醒，让"红脸出汗"成为常态。公司纪委向有关单位发出《监督建议书》和问题反馈单13份，向班子分管领导和二级企业"一把手"发出《履责提示函》7份，督促领导班子成员外出报备163人次，推动企业领导人员及时找准工作中存在的薄弱环节和监管漏洞，对症施策，全面整改，既发挥了监督提醒作用，又有效推动了责任落实，传导了压力，推动了工作，提升了效能。同时，纪委书记通过列席公司董事会，在党委会、民主生活会等会议上面对面提出意见建议等方式，加强对贯彻执行民主集中制、完善"三重一大"决策机制的监督，有效预防"一把手"决策"一言堂"、用人"一句话"、用钱"一支笔"、项目"一手抓"等问题，确保"关键少数"知责明责、守责担责、履职尽责。在专项整治方面，延长石油燃气集团省天然气公司以严查干部队伍扭转作风情况为突破口,突出"关键少数",强化政治监督,组织公司领导班子成员和中层干部分层、分级对照是否存在党性不强、理想信念滑坡、敬业精神衰退、工作标准不高等问题,进行深入查摆,制定整改清单,明确整改措施,推动整改落实,梳理汇总自查表108份,以企业领导人员作风转变带动企业整体质效提升。深入开展领导干部违规插手干预工程建设和天然气资源调配突出问题、违规收送礼品礼金问题等专项整治,督促各级企业领导人员作出公开承诺500余人次。强化对选人用人工作的专项监督,通过严把政治观、廉政关、业绩观,精准回复党风廉政意见31份,组织任前廉政考试6场次27人,协助党委开展任前廉政谈话7场次55人,动态更新中层干部廉政档案92份,对领导干部进行精准"画像",为党委准确研判政治生态提供参考。

《中共中央关于加强对"一把手"和领导班子监督的意见》(以下简称《意见》)下发以来,延长石油燃气集团省天然气公司党委、纪委积极组织宣传贯彻学习,在认真梳理总结以往经验做法的基础上,全面贯彻落实《意见》各项要求,认真查摆问题短板,进一步完善制度机制,聚焦"两个维护",突出"关键少数"、强化政治监督,做实日常监督,切实加强对"一把手"和领导班子的监督,确保"头雁效应"得到最好发挥。

案例启示

企业作为国家人员、物资、金钱流动的关键主体,容易出现各种腐败问题,是反腐败斗争的重点领域。为此,企业应当从加强事前、事中、事后全链条监督和加强对企业"一把手"及领导班子的监督两方面入手,确保在运营过程中严格遵守党和国家的各项规章制度,在日常经营管理中不越红线、不触底线。

1. 形成事前、事中、事后的全链条监督体系

企业要不断完善监督体系,形成事前、事中、事后的全链条监督。在事前,要加强廉洁风险防控,健全风险预警机制,形成风险防控"防火墙";在事中,要注重日常谈心谈话,嵌入式督促企业成员正确行使权力;在事后,要形成监督的长效机制,并及时对廉洁风险进行反复回查,确保填补好风险漏洞。通过建立全链条监督体系,企业可以实现对各环节廉洁风险的有效防控,全方位打造阳光、透明、清廉、高效的企业。

平阳县纪委县监委驻县政府办公室纪检监察组在国企工程建设中探索实施事前防范、事中控制、事后反思的全链条监督模式，助推清廉高品质工程建设。在事前监督方面，理顺权责关系，提出了科学分权和定期清权两个要求，调整班子成员工作分工模式，按照工程前、中、后三期分层进行管理，形成相互制约、相互监督的权力运行机制。同时，定期开展中层干部大轮岗，在多岗锻炼、培养人才的同时，有效防范岗位廉洁风险点。在事中监督方面，实施事中嵌入式监督，通过日常谈心谈话，在了解党员干部思想、学习、工作及生活情况的同时，对苗头性、倾向性问题及时予以提醒，发现监督漏洞，起到了抓早抓小、防微杜渐的效果。在事后监督方面，提出实施事后长效监督机制，督促国企工程互评会定期召开，并由纪委积极参与监督，推动工程监督管理查漏补缺，营造风清气正的工作氛围。

2. 加强对"一把手"和领导班子的监督

企业领导干部肩负着管企治企的重要责任，要加强对这关键一环的监督，强化监督协同机制建设，完善监督制度，抓日常监督，促专项治理。在强化监督协同机制建设方面，企业应理顺对领导干部的监督链条，确保同级监督和垂直监督同步落实，形成一套系统的、完整的领导干部监督体系和运行机制。延长石油燃气集团省天然气公司不断强化"四责"协同制度，推动形成4条责任传导链，形成了上级党组织对下级党组织的垂直监督、领导班子成员间的相互监督以及纪委的专责监督协同联动机制，实现了同级监督和向下监督的同步落实。

在完善领导班子监督制度方面，企业应制定符合公司特点的领导干部监督制度，依制治企，切实加强对企业领导班子的政治、思想、组织和作风监管。延长石油燃气集团省天然气公司持续完善对领导班子的监督制度，制定印发了监督同级党委及其班子成员的管理规定，制定执行了《企业领导人员违规插手干预重大事项记录报告制度（试行）》，有效促进企业领导人员规范用权，为加强对"关键少数"和重大事项的监督提供了制度和机制保障。

在抓日常监督、促专项治理方面，企业既要在日常生活中跟进对领导干部的监督管理，确保其责任的落实，也要开展对领导干部的专项整治，消除"一把手"的清廉隐患。延长石油燃气集团省天然气公司一方面紧抓对领导干部的日常监督，通过日常沟通、谈话了解、参加会议、外出报备等形式，帮助企业领导人员及时找准工作中存在的薄弱环节，对症施策，全面整改；另一方面，积极开展专项整治，以严查干部队伍扭转作风情况为突破口，抓紧对"关键少数"的专项治理监督，以企业领导人员作风转变带动企业整体质效提升。

总之，企业既要完善监督环节，形成事前、事中、事后的全链条监督，也要注重监督重点部分，加强对"一把手"和领导班子的监督，从而建立起全方位、有重点的监督体系，让企业各领域、各环节始终保持干净廉洁。

第三节 数字化提升监督质效

当前，我国已初步建成全球最大规模的5G移动网络，大数据等技术也逐步趋于成熟，以数据为核心的数字技术正在加速融入企业生产经营管理的各个环节，"以数字化转型发展为牵引"成为企业发展的重要理念，企业监督数字化转型的技术基础已经形成。但经过长时间发展和实践，我国许多企业的监督管理模式已经形成了人工监督的固定模板，数字化智慧监督系统目前仍然只有部分企业在进行小范围试用,没有形成统一监督平台,没有大规模成熟运用,数字化监督的潜力和效能尚未充分发挥。

因此,企业应当尽早适应数字化变革,把数字化作为落实全面推进清廉建设的重要抓手,运用"互联网+监管"模式,加快建设数字化监管平台,打造"智慧监管""精准监管"系统,依托数字化转型提升企业监督质效。在打造数字化监督平台的过程中,企业应整合当前的资源力量,将其转化为线上资源,形成覆盖全企业的"大监督"网络;着力建立权力运行可查询、可追溯的数字化监督机制,加强信息化监督平台建设,以公开促公正、以透明保廉洁,以数字化监督手段编织制约权力的笼子,让监督全覆盖、更规范、更高效。

> **案例1** 数智监督为清廉国企建设注入新能量
>
> (来源:中共杭州市西湖区纪委官方微信公众号 2022年4月13日)

2021年年底以来,杭州西湖投资集团在西湖区属国企中率先探索数字化改革,开发构建了"数智西投"一体化平台。集团纪委依托该平台拓展监督手段，实现数字化技术与纪检监察工作深度融合，切实提升监督质效，为清廉国企建设注入新能量。

运用数智监督平台，使得监督链条化清晰呈现。"数智西投"一体化平台建立初期，根据集团业务实际，集团纪委一方面积极推动各职能部门认真搭建自属应用场景，另一方面聚焦招商引资、小额招投标、小微权力、国有资产管理等领域的廉政风险点，精心搭建纪检监督专属应用场景。纪检监督应用场景围绕重点业务板块的工作目标、数据指标、进度管理、考核评价等要素，设置数据导入、集成整合、廉情分析、预警提醒等核心功能，构建同步更新、实时互动的数据生态圈，助力集团纪委实现全方位、全流程、全链条的智能监督。

运用数智监督平台，使得监督精准化智慧呈现。在集团纪委的督促下，作为浙江省智慧工地示范项目的西湖区紫金港02留用地项目，在2021年已升级智能化管控装备，把"BIM+"智慧工地数据决策系统嵌入"数智西投"一体化平台的"项目攻坚"应用场景，使留用地项目建设与清廉国企建设同频共振。"紫金港02留用地项目的智慧工地系统数据显示，当前施工进度有些滞后，项目主体结顶还能对标5月底的时间节点如期完成吗?"集团纪检专干在进行线上日常检查时,通过进度控制模块发现了施工滞后问题,便立即联系项目负责人了解情况。经详细询问后,了解到项目受持续降雨天气的影响,施工进度受阻,后期天气转好便会采取赶工措施,不会延误工期。无论是集团的纪检人员,还是下属西投置业公司的工程管理人员,均可随时登录该数智平台,关注各自的重点模块,利用采集到的数据对清廉情况进行精准研判。在数智系统的助力下,集团对施工进度、施工质量等关键要素的监督,从事后把关转向了事前控制,真正做到了早发现、早解决、早处理。此外,"数智西投"一体化智慧监督系统还能够发出预警提醒。针对集团旗下的一处物业已逾期半月未催缴上月房租的监督漏洞,系统及时预警提醒集团纪检专干。收到预警后,纪检专干立即通过平台下发问题交办单,仅3日即完成整改,经办人员受到集团纪委约谈提醒。这是西湖投资集团利用数字化技术在国有资产管理领域进行智慧监督的生动体现。

运用数智监督平台,使得监督高效化便捷呈现。留用地项目既是西湖区助力乡村振兴的共富项目,也是区域产业集聚的标杆工程,项目建设的顺利进行离不开前期工作。2021年以来,西湖投资集团累计做地23宗约910亩,涉及6个镇街26个村社,相关海量数据在"数智西投"一体化平台的做地板块中一览无余。集团纪委通过线上比对做地数据和VR视图,可以随时进行督查,如果相关手续办理迟滞,系统会第一时间发出自动预警,使监督工作更加高效便捷。集团土地利用部部长表示:"我们收到了集团纪委下发的几张效能交办单,有些地块是因为受新出台政策影响导致选址论证工作推进滞缓,这属于不可抗力因素,还有些是场地因素造成进度拖后,我们需要马上抓紧整改,集团纪委通过VR实景在线上就能实时查看到整改效果。"

自构建"数智西投"一体化平台以来,杭州西湖投资集团纪委共下发预警问题交办单7张、效能交办单11张,相关问题目前已全部整改到位。下一步,集团纪委还将继续深入探索如何运用数字化手段,以精准、高效的数智监督,为清廉国企建设注入源源不断的新能量。

案例2 智慧监督提升企业管理"廉"能量
（来源：中共浙江省纪委省监委官方网站2022年6月30日）

为有效防范风险、堵塞漏洞,进一步加强对内部招标工作的监督和管理,在集团纪委的督促下,普陀城投集团以数字化转型为契机，积极探索内部招标管理新模式，以全程"零跑腿"为目标，利用"飞书"APP为载体探索搭建内部招标流程管理平台，推动招标工作运作规范、组织严密、监督有力。普陀城投集团这一数字化转型的探索得益于该集团纪委的日常监督。在此前督查中，集团纪委发现集团内部存在招标审批流程复杂，程序不够规范，未达到招投标起始金额的工程项目由企业自行定标、优先从企业名录库选取等不同问题，有较大的廉洁风险。为此，集团积极探索监督的数字化转型，用智能为企业监督赋能。

在智能监管APP使用方面，集团纪委要求相关部门对线下通过人工摇号抽取施工、监理、造价、咨询等服务单位招标环节进行全程录像并上传至"飞书"留存备查，同时抄送集团纪委，最大程度保障监督全覆盖、无死角。"该工程招标审批中金额单位填写错误，请重新提交。"在抽查"飞书"平台工程招标审批情况时，集团纪委发现一份工程招标审批材料中人民币单位填写错误，立即要求退回相关部门并重新审批。"飞书"让业务流程可视化、审批规范化、事项透明化，企业可以通过精准、动态监督，及时发现苗头性倾向性问题，早提醒、早纠正，持续释放监督效能。

在智能监管APP数据流动方面，搭建好数字化平台后，如何让数据流动起来是关键。普陀区纪委监委驻区财政局纪检监察组立足监督的再监督职能，在督查普陀区国资办数字化平台建设时直指问题：国资监管线上平台有部分功能为何开发了却没有应用？经督促，普陀区国资办已积极对线上平台的部分功能进行了完善，开发了章程管理、公司战略管理、资产备案、合同管理四个模块，进一步推进信息化与监管业务深度融合，构建起国资监管动态化、协同化、智能化和可视化的新模式，有效拓宽监管角度、延伸监管维度、加大监管力度。为持续加强国企监督，普陀城投集团探索建立了"企优督"国企监督体系，以"三督三优"为抓手，从数字化平台、制度建设、责任清单三个维度出发，深化廉政风险防控，强化制度执行，优化企业治理，清单化、项目化推进清廉国企建设。

除打造智能监管APP外，普陀城投集团纪委还从廉政风险长效管控角度出发，从制度源头抓好风险防控，并将审批流程转移至线上，提高工作效率。针对日常监督中检查出的工程招标审批廉洁风险点，集团有针对性地对相关制度进行查漏补缺。集团纪委通过指导和协助集团健全完善《工程项目管理办法》、梳理和筛选集团名录库、开发线上招标审批各流程与板块等"三步走"措施,强化招标审批全链条监督,有效打通传统审批模式过程跟踪难、责任追溯不清等监督难点、堵点,消除监督"盲区"。截至目前,已有造价、咨询、设计等54个类别456家单位进入集团名录库,普陀城投集团完成工程招标流程审批50余个。

近年来,不止普陀城投集团在积极运用数字化技术赋能企业监管,普陀区各个国有企业纪委都在数字化监督上持续发力,不断丰富"智慧监督"载体,形成大数据信息联动核查、专项整治集中排查、动态调整随时抽查的"数字化监督+纪检监督"协同机制,实现了精准监督、靠前监督、全程监督。普陀城投集团纪委围绕集团及子公司的不动产数据与经营,在不动产管理系统及智慧云停车平台提高随机抽查频率,有效提升监督质效;舟山国际水产城纪委聚焦资产管理,在企业经营管理平台"东海渔云仓"嵌入监督模块,通过动态监督房屋出租合同到期和租金欠缴等问题,进一步防范清廉风险,推动履职尽责;东港集团纪委瞄准重点领域,在"购销存"管理系统紧盯大宗商品贸易中合同磋商、费用开支、项目运作、商品服务采购等关键环节,对重要岗位实施精准监督,筑牢规范贸易屏障。这些都体现了当前企业对于数字化监督的重视，也为企业未来的监督之路指明了方向。

由此可以看出，数字化监督是破解国企监督难题的有力抓手，要进一步优化以"飞书"、国资监管平台等国企数字化系统构成的"企优督"监督体系，破解国企治理短板，推动清廉国企建设向纵深推进，让国企管理不断提质增效。

案例启示

全面建设清廉企业需要企业深入做好、做实监督工作，为监督插上"科技之翼"，积极探索信息化与监督工作的深度融合，以数字化智慧监督管理平台建设为抓手，形成建平台、督落实的工作机制，以信息化监督实现对权力运行的有效制约，变数据优势为监督效能，推动清廉企业建设走深走实。

1. 建立数字化监督平台

大数据技术手段具有整合性强、精确性强、效率高等特点，能够将一些零散的人、财、物、事信息整合关联起来，及时呈现使用者需要的监管数据与内容，更为直观高效地反映问题。通过建立起数字化监督系统，企业能够打通监管壁垒，联通信息孤岛，着力实现精准式监督、智能化预警，着力推动清廉建设向纵深推进。

杭州西湖投资集团开发构建了"数智西投"一体化平台，依托该平台拓展监督手段，实现数字化技术与纪检监察工作深度融合，切实提升了监督质效，为清廉国企建设注入新能量。搭建不同应用场景，围绕重点业务板块要素，设置核心功能，构建同步更新、实时互动的数据生态圈，实现了全方位、全流程、全链条的智能监督；把"BIM+"智慧工地数据决策系统嵌入平台应用场景，便于集团纪检人员及下属西投置业公司的工程管理人员随时登录平台关注采集数据，对清廉情况进行精准研判；嵌入前期大量数据并以VR视图等形式呈现，便于集团纪委随时进行督查，对相关手续办理迟滞等问题第一时间发出自动预警，使监督工作更加高效便捷。

2. 高效使用数字化监督平台

在搭建好智慧监管平台后，企业需对数字化系统不断更新、及时维护、高效使用，不能因疏于管理使得监管系统逐渐荒废，更不能将数字监管平台当作"面子工程"，进行开发却不投入使用，要真正让数据在平台流动起来，根据公司监管需求，运用数字化系统的各项功能减轻公司监督负担，使数字化优势赋能企业治理，弥补企业监管短板，推动企业监管朝科技化、智能化方向发展。

普陀城投集团以"飞书"APP为载体，探索搭建内部招标流程管理平台，推动招标工作运作规范、组织严密、监督有力。在智能监管APP数据流动方面，针对监管线上平台的部分功能开发了却没有得到应用的问题，普陀区国资办积极完善了线上平台的相关功能，启用了章程管理、公司战略管理、资产备案、合同管理四个模块，进一步推进信息化与监管业务深度融合，构建起国资监管动态化、协同化、智能化和可视化的新模式，真正发挥了数字监管平台的效用。

总之，数字化监督是破解企业监督难题的有力抓手，企业应持续推动监督工作数字化、精准化、科学化转型，建立数字化监督平台，并对其进行高效利用，着力发挥数字化在清廉企业建设监督中的作用。

小 结

加强企业监督能够推动企业内部的反腐败工作，是清廉企业建设的重要保障，能够在公司内部营造风清气正的良好氛围，是清廉企业建设的重要内容。本章着眼于开展监督工作对维护企业清廉的重要作用，结合清廉企业建设和监督的相关案例，围绕企业需要谁来监督、企业该在哪些方面进行监督、企业该如何加强监督效果三个问题，从多主体覆盖企业监督、全链条加强企业监督、数字化提升监督质效三个方面进行论述。本章的分析旨在为相关企业做好监督工作提供借鉴，助力企业加快开展好清廉监督工作，让全体职员参与监督、全体职员"被监督"，全方位有重点地对企业各个方面进行监督，运用数字化手段赋能企业监督，让监督贯穿企业发展的始终，让清廉在企业内部蔚然成风。

首先，要想有效发挥监督效能，让监督覆盖整个企业，就需要发动企业内外部主体共同参与监督，形成监督合力。企业内部监督主体包括企业的党委、纪检机构、领导干部等在监督管理方面承担重要职责的主体，他们更加了解本公司的组织架构和工作流程，更容易寻找企业内部出现的清廉风险点，高效推动企业的监督治理和清廉建设。企业外部监督主体包括企业成员以外的群众、社会组织机构等能够参与企业监督管理的主体，他们作为连接企业与社会各界的纽带，能够更加全面、客观、公正地对企业内部进行监督。其次，企业还需要加强事前、事中、事后的全链条监督，在事前加强廉洁风险防控，健全风险预警机制，形成风险防控"防火墙"；在事中注重日常谈心谈话，通过嵌入式监督督促企业成员正确行使权力；在事后建立监督长效机制，及时对廉洁风险进行反复回查，确保填补好风险漏洞，打造起全链条的风险防控体系。同时，企业应不断加强对"一把手"和领导班子的监督，把对领导干部权力运行的制约和监督作为重要一环来抓。最后，企业要注重提升监督质效，利用大数据技术整合性强、精确性强、效率高等特点，积极探索信息化与监督工作的深度融合，以数字化智慧监督管理平台建设为抓手，实现对企业的精准式监督、智能化预警。在使用智能监管平台时，企业还要注意不断更新、及时维护数字化系统，不能因疏于管理使得数字化监管系统逐渐荒废，而应变数据优势为监督效能，推动清廉企业建设走深走实。

第六章

推进企业加强整改治理
保障清廉企业建设效果

概　　述

在清廉企业建设过程中，如果不能及时地发现并解决存在的问题，最终可能会导致前期采取的清廉建设措施失效，影响清廉企业建设。在加强党风廉政建设、完善制度机制、培育廉洁文化、加强企业监督的基础上，需要对清廉企业建设成效进行科学评估，对发现的腐败问题进行惩戒，针对存在的漏洞进行整改治理，从而确保企业成员廉洁从业、干净干事，让企业形成清廉干净的风气。

通过建立科学的清廉企业评估体系，企业能够把无形的建设成效转化为有形的、可量化的评价指标，提高企业成员投身清廉企业建设的积极性，增强企业各级管理团队的使命感和责任感，从而在企业内部形成全员参与清廉建设的氛围。同时，根据清廉企业建设评估结果，企业应及时依法依规压实腐败惩戒工作。对在清廉评估中出现漏洞的环节和部门，企业需对相关负责人进行询问和查处，让各类玩忽职守、违法违规的行为得到应有处罚，确保清廉建设工作的严肃性和威慑力。此外，企业还应根据评估环节中出现的清廉建设漏洞，积极推进整改治理工作。在整改治理环节，要充分发挥警示案例的效用，梳理并向企业成员展示典型腐败案例，用案例敲响警钟。在评估、惩戒、整改三方面工作的推动之下，企业将进一步巩固清廉建设成效，使清廉建设不断完善。

第一节 科学评估清廉企业建设成效

清廉企业建设是一项系统性的工程，内容丰富、要素复杂。科学的评估可以让企业对自身的清廉建设现状有一个清醒的认识，帮助企业总结清廉建设的成果，发现存在的问题，如企业清廉建设是否达到预期的效果、企业成员的行为是否符合清正有为的标准、建设清廉企业的过程以及采取的举措是否科学有效等，从而使企业有针对性地改进工作，及时完善公司的治理结构和管理制度,填补清廉建设中存在的漏洞,更好地完成清廉企业建设任务。

为了充分发挥评估工作的信息反馈作用、鉴定与考核作用、指导与促进作用,需要设计一套科学有效的、可量化的、实用的清廉企业考核评价体系。目前,许多企业在这方面进行了积极的探索和实践,如在企业的组织机构中设立清廉建设委员会,对清廉建设效果实时跟进评估,在公司文件中明确规定清廉建设评定指数,根据清廉企业评价指标体系定期进行评估等。

案例1　建立"5+N+1"评价指标体系　打造清廉国企建设高地

（来源：浙江省人民政府国有资产监督管理委员会官方网站　2022年8月29日）

浙江省国资委党委印发《关于建立清廉国企建设"5+N+1"评价指标体系的通知》（以下简称《通知》），从5个评价维度、60个二级指标和1个反向指标明确清廉国企建设评价指标体系，推动清廉国企建设责任可量化、进度可衡量、质效可考评。该《通知》深入贯彻了习近平总书记关于全面从严治党、党风廉政建设和反腐败斗争的重要论述精神，浙江省第十五次党代会精神和浙江省纪委监委推动清廉浙江建设高质量发展工作方案精神，有利于进一步推进清廉国企建设"八大行动"和国企反腐倡廉"全覆盖无盲区零容忍"专项行动，为高质量打造新时代清廉国企建设高地，忠实践行"八八战略"、奋力推进中国特色社会主义共同富裕先行和省域现代化先行提供了坚强保障。

该《通知》中提到的清廉国企建设"5+N+1"评价指标体系主要包括以下内容："5"为5个评价维度，即管党治党严实度、行权用权规范度、监督制约严密度、全面从严治党成效度、廉洁文化浸润度等，下设22个一级指标。"N"为60个二级指标，具有国企特点，科学性操作性强，各企业在此基础上可"因企制宜"地编制符合自身实际的个性化评价指标。"1"为1个反向指标，包含贯彻落实习近平同志重要指示批示精神不力或执行中央、省委重大决策部署不力，企业"一把手"或领导班子成员、中层管理人员发生严重违纪违法、造成不良影响等情况。除确定了清廉国企评价指标体系外，《通知》还指出清廉国企建设的主要任务，主要包括以下三个方面：首先，全省国资国企各级党组织要加强组织领导，明确责任分工，认真履行好主体责任，实现"两个责任"良性互动、形成合力，明确各项任务的牵头领导、责任部门和配合部门，构建面上统筹、条块聚力、一体推进的运行格局。其次，实行清单管理，扎实推进清廉国企建设落实，围绕重点任务和重要举措，制定具有实践性、可操作性的时间表、路线图，挂图作战、集中攻坚，以项目化管理推动各项任务落细落实，加强过程管理和监督检查，层层传导压力，力争抓一项成一项。最后，做好总结推广，加强考核管理，制定形成"一企一策"具体评价标准，将清廉国企建设情况作为党建工作责任制考核、抓党建述职评议的重要内容，加强对清廉国企建设经验的宣传，切实将清廉国企建设做细做实、做出成效。

该《通知》的下发有利于增强浙江省国资国企各级党组织建设清廉国企的责任感和紧迫感，提醒各国企将清廉建设作为全面从严治党的重要载体和抓手，把建设清廉国企摆在更加突出的位置上，坚持问题导向、责任导向、效果导向，推动清廉国企建设不断向纵深发展、向基层延伸，加快打造清廉国企建设标志性成果，落实清廉国企建设成效。

案例2 以"清廉指数"为抓手，纵深推进清廉国企建设

（来源：宁波市人民政府国有资产监督管理委员会官方网站 2021年5月26日）

自2020年开始，宁波开投集团在下属企业宁波能源集团股份公司实施了"清廉指数"测评工作，初步构建了一套量化评估、直观生动的政治生态评价体系。该"清廉指数"测评工作的总体要求为坚持不敢腐、不能腐、不想腐一体推进，全面贯彻落实新时代国企党的建设总要求，以建设廉洁企业为目标，推动全面从严治党向集团基层企业延伸，推动清廉思想、清廉制度、清廉纪律、清廉文化与深化国企改革同步对接，与各项经营管理任务深度融合，努力打造政治生态清明、经营生态清净、文化生态清新的清廉企业新格局。在2021年2月市纪委举办的"清廉宁波·你我同行"走进国企活动现场会上，开投集团成功发布了宁波能源公司各单元"清廉指数"，得到了市纪委市监委领导和与会专家、同行的充分肯定。

宁波能源公司的"清廉指数"测评主要包括两级，一级测评到企业，二级测评进班组、部室。一级测评围绕政治坚定、"四责"协同、队伍建设、经营

绩效和清廉文化五个方面内容，测评总分设定为100分。其中，"政治坚定"15分，主要测评党组织坚持党的全面领导，发挥基层党建引领作用的情况；"'四责'协同"35分，主要测评基层企业运行是否规范、法人治理结构是否完善，以及主体责任与监督责任落实情况；"队伍建设"10分，主要测评选人、用人和队伍建设情况；"经营绩效"30分，主要测评企业经营业绩完成情况，是否按质按量完成上级下达的考核指标；"清廉文化"10分，主要测评践行社会主义核心价值观和落实清廉文化宣传等情况。二级测评内容由各企业根据实际情况确定。

在"清廉指数"评定方面，宁波能源公司分为班组每月自评预警、基层企业季度自评预警、公司年度考核测评三个层面进行。班组月度自评预警，由各班组对照所在企业制定的"清廉指数"测评量化表，于每月末对本班组"清廉指数"进行自评，将结果报送至所在企业"清廉指数"测评工作小组，各企业则根据上报情况进行有针对性的提醒并督促整改落实；季度自评预警，即各企业对照《宁波能源企业"清廉指数"测评量化表》，于每季度末对本企业"清廉指数"进行自评，并将结果报送宁波能源"清廉指数"测评工作小组，测评工作小组在认真分析、研判自评结果的基础上，以发放监督提示通知书的方式督促企业落实整改，并于下一季度对整改情况开展督查；年度考核测评，即宁波能源"清廉指数"测评工作小组对照《宁波能源企业"清廉指数"测评量化表》，于每年年底对各企业进行测评，根据得分划分为绿、黄、红三个等级。年度考核测评中，85分及以上为绿色，75—84分为黄色，低于75分为红色。年度考核测评结束后，宁波能源公司党委发文通报企业"清廉指数"得分情况。对"清廉指数"为绿色等级的企业，优先考虑各类先进企业或班组创建、集体和个人的评优评先；黄色等级的企业，对企业主要负责人进行约谈提醒；红色等级的企业，对企业负责人进行通报，同时取消集团层级先进企业或班组创建、集体和个人的评先评优资格。

"清廉指数"测评体系有效促进了企业的改革发展，推动了廉洁风险防控，保证了监督责任落实。首先，在促进企业改革发展方面，通过发布绿、黄、红三色榜，把清廉建设要求转化为具体的、可量化的评价指标，增强了企业各级管理团队的使命感和责任感，激发了公司员工干事创业的热情，有助于进一步形成风清气正的企业发展环境。通过把"清廉指数"测评纳入经营绩效考核体系，有助于测评与深化企业改革同步对接，与生产经营深度贯穿，进而促使企业把测评成果转化为促进改革发展的持续动力。其次，在推动廉洁风险防控方面，"清廉指数"测评将宁波能源公司的21个支部、102个部室、47个一线班组全部纳入了测评范围，对其进行动态监测，建立起了数据随时采集、季度汇总、年度分析的工作机制，帮助企业对政治生态情况进行动态评价、精准"画像"。"清廉指数"测评体系结合"三张清单"和"一二三五"工作法，使得企业的监督触角向基层延伸，既紧盯"关键少数"，又管好"绝大多数"，全方位扫描重要岗位、重点人员，多途径把脉问诊，及早发现问题，及时预警，不断提高监督的精准度和有效性。2020年以来，通过"清廉指数"测评，宁波能源公司及时发现各类倾向性问题15项，约谈提醒6人次，及时预警纠偏。最后，在促进监督责任落实方面，公司通过"清廉指数"测评，一方面认真查摆问题，深挖根源，找准病根，打响了"靶向"问责枪。2020年以来，公司对四名同志实施了诫勉问责，形成有效震慑，让失责必问、问责必严成为常态，"两个责任"得到压紧压实，逐步形成发现问题、形成震慑、督促整改、促进发展的长效机制。另一方面，公司注重组织关怀，坚持"三个区分开来"，构建容错纠错机制，切实保护干部职工积极性,并通过开展谈心谈话,让干部职工打通思想、放下包袱、振奋精神、积极作为,切实将严管与厚爱、约束与激励有机统一起来,让和谐企业建设落地生根。

目前,宁波开投集团正在全集团推行"清廉指数"测评工作,从而推动集团基层企业的政治生态与经济效益呈现同频共振共同发展的良好局面。

案例启示

为了更科学有效地评估清廉企业建设成效,需要动员多主体参与推进这一工作,努力构建全方位、可操作的清廉企业建设成效评估体系。

1. 多主体推进清廉企业建设成效评估

科学评估清廉企业建设成效既需要政府推进建立清廉企业建设评价指标体系,严格把控清廉企业建设总体方向,为企业制定详细的评价指标提供参考;又需要企业根据自身实际情况,依据政府下发的具有很强概括性的评价指标体系,建立起针对性强、可操作性强、适用于本企业的清廉企业建设评价体系,用可量化的评价指标完成具体评估工作。

浙江省国资委党委为了增强浙江省国资国企各级党组织清廉国企建设的责任感和紧迫感，专门印发了《关于建立清廉国企建设"5+N+1"评价指标体系的通知》，从5个评价维度、60个二级指标和1个反向指标明确清廉国企建设评价指标体系，推动了清廉国企建设责任可量化、进度可衡量、质效可考评，并为各国企开展清廉建设评估工作提供了参考依据。宁波开投集团则以建设廉洁企业为目标，根据企业自身的实际情况，制定了"清廉指数"这一清廉企业评价标准，并首先在下属企业宁波能源集团股份公司推行，取得了较好的成效。

2. 构建清廉企业建设成效评估体系

在构建清廉企业建设成效评估体系时，一方面要注意将清廉建设的总体任务拆分成分属各个单元的小任务，形成不同层次的评价维度，并建立具体的评价指标，用明确的指数对评价指标进行打分。浙江省国资委党委印发的《关于建立清廉国企建设"5+N+1"评价指标体系的通知》中，将清廉建设总体任务拆分为5个评价维度，下设22个一级指标。在一级指标下又设立60个二级指标，各企业可以在此基础上"因企制宜"地编制符合自身实际的个性化评价指标，同时还设立了1个反向指标。宁波开投集团则在下属企业宁波能源集团股份公司创新性地实施了"清廉指数"测评工作,一级测评到企业,二级测评进班组、部室。一级测评总分设定为100分,分为五个方面,运用具体的分数来为企业清廉建设打分评价,使得清廉建设成效数值化,更明确地呈现清廉企业建设成效。

另一方面要着力形成有重点、有层次、分阶段、重整改的工作方案,根据企业实际情况,由点及面、由班组至总体开展评价工作,并根据评价结果对清廉建设成效好的部门或集体进行奖励,对清廉建设成效较差的部门或集体进行约谈与鼓励。宁波能源公司推行"清廉指数"测评工作,将其分成班组每月自评预警、基层企业季度自评预警、公司年度考核测评三个层面进行。测评结束后,公司党委发文通报企业"清廉指数"得分情况,对"清廉指数"为绿色等级的企业,优先考虑各类先进企业或班组创建、集体和个人的评优评先;黄色等级的企业,对企业主要负责人进行约谈提醒;红色等级的企业,对企业负责人进行通报,同时取消集团层级先进企业或班组创建、集体和个人的评先评优资格。

总之,在科学评估清廉企业建设成效时,既要调动多方主体参与,让政府与企业同时发力,有效推进评估工作,又要构建起清廉企业建设成效评估体系,不断提高成效评估的精准度和有效性。

第二节 依法依规压实腐败惩戒工作

企业是经济发展的活力源泉,是社会发展的重要细胞。企业腐败不仅会威胁企业的经营管理,使企业的经济实力下降、经济效益降低,严重阻碍企业的健康发展,还会破坏市场公平竞争秩序,对社会整体的经济发展产生不良影响。对于企业腐败行为必须予以严惩,依法依规压实腐败惩戒工作,为企业发展营造公平清正的营商环境。

针对腐败现象,一方面要重拳出击,建立起完善的惩戒制度,规范惩戒工作的程序、方法和步骤,做到有法可依、有章可循,依法依规对腐败行为进行惩治。另一方面,应把握惩戒工作开展的根本目的在于"惩前毖后,治病救人"。在开展惩戒工作的同时,更重要的是查找腐败根源、弄清弄透腐败原因,提出能够根治腐败现象、实效性强、可操作性强的意见,为深入整改、系统施治提供科学可靠的依据。

案例1 广西来宾：实施行贿人"黑名单"制度 联合惩戒斩断腐败利益链
（来源：中共广西壮族自治区纪律检查委员会、广西壮族自治区监察委员会官方网站2022年8月25日）

按照进一步推进"受贿行贿一起查"的部署，广西来宾市积极探索实施行贿人"黑名单"制度，提升打击行贿行为的精准性和有效性。

行贿人"黑名单"制度由来宾市委出台联合惩戒行贿人实施办法，市纪委监委配套制定实施细则，建立起联合惩戒行贿人工作机制，明确惩戒范围、方式和期限。纪检监察机关负责收集整理依法依规认定有行贿行为的单位和个人的信息，按情形分成"黑名单""灰名单""备忘录"三类数据库。被法院判决生效认定有行贿犯罪行为并受到刑事处罚的单位和个人，列入"黑名单"；经纪检监察机关、检察机关、审判机关认定有行贿行为，但未受到刑事处罚的单位和个人，列入"灰名单"；纪检监察机关在办案过程中有证据反映有行贿行为，但未查实的单位和个人，列入"备忘录"。同时,建立信息推送和查询机制,对行贿人信息查询受理和部门职责作出规定。纪检监察机关定期向发改、政数等行业主管部门推送行贿人信息,有关部门将信息录入"信用来宾"等社会诚信体系平台,依法提供信息共享和查询服务。以此将多次行贿、巨额行贿、严重扰乱市场秩序的企业和个人依法纳入惩戒范围,作为招投标、政府采购、行业准入、信贷管理等方面资质资格审查的必经"关口"。

来宾市纪委监委在查处该市人民医院腐败案时,查实某企业及个人涉嫌行贿犯罪。广西南宁市某医疗器械有限公司总经理李某先后多次向广西来宾市人民医院原院长周某行贿184万元,获得医疗耗材、大型医疗设备等采购项目的承揽,李某及其公司被列入"黑名单"。经法院判决后,该市纪检监察机关将企业的名称、机构代码、营业执照编号等基本信息和相关人员违法犯罪信息推送给发改、政数等部门,录入社会诚信体系平台,实施联合惩戒。

行贿人"黑名单"制度是来宾市一体推进"三不腐"取得的制度性成果之一,有效斩断了"围猎"与甘于被"围猎"的利益链,对行贿行为形成了有效震慑,构建起了来宾市腐败惩戒体系的基本框架,促进腐败问题标本兼治,为打造"清廉来宾",建设清廉国企提供了组织保障、措施保障和机制保障。

案例2　找准病灶　精准发力　甘肃省重拳惩治国有企业腐败问题

（来源：《甘肃日报》　2022年1月22日）

2021年，甘肃省纪委监委围绕做强做优做大国有资本和国有企业，充分发挥监督保障执行、促进完善发展作用，一体推进不敢腐、不能腐、不想腐，深化省属企业全面从严治党，加大国企惩治腐败力度，为国资国企"十四五"开好局、起好步保驾护航。

第一，重拳出击，严惩国企腐败人员，形成不敢腐的有力震慑。2021年11月30日，甘肃省纪委监委发布消息，通报省电力投资集团公司原党委委员、副总经理严重违纪违法被开除党籍。身为国有企业领导干部，公权私用，"靠企吃企"，与不法商人沆瀣一气，将管理国有企业的权力作为攫取私利的工具，视工程项目为待贾商品，论价出售，个人确定中标企业，大搞权钱交易，收受巨额贿赂等，严重影响了国有企业的清正风气。类似这样的腐败事件并非个例，省电投集团原党委书记、董事长，原总经理、原副总经理、专职外部董事、子公司专职外部董事，金川集团公司原副总经理,甘肃能源化工投资集团公司原副总经理等一批国企"蛀虫"纷纷落网。经济上大肆敛财、奢靡享乐、腐化堕落,管理上独断专行、制度松弛、任性用权,政治上忘记国企姓党,弱化虚化党的领导,管党治党责任缺失,这些构成了国企管理人员腐败案件的共性特点。

根据甘肃省纪委监委第六监督检查室负责人介绍,从近年来巡视、审计和查处的案件情况看,一些国企管理人员心里想的不是如何让企业好起来,而是把企业当作"摇钱树""唐僧肉"。从信访举报情况来看,省纪委监委受理涉及国有企业举报反映数量较大,企业选人用人、工程建设、财务管理、投资决策等工作领域和招投标、物资采购等环节是举报反映的重点。利剑出鞘,重拳反腐,近年来甘肃省纪检监察机关深入推进国企反腐,把严查国企腐败问题列为全年反腐败斗争重点之一,精准发力,深挖细查,重点查处失职渎职、滥用权力造成国有资产重大损失,以及"靠企吃企"、关联交易、设租寻租、利益输送等问题,让国企中搞了腐败的人付出沉重代价,让想搞腐败的人断了念头。党的十九大以来,省纪委监委共立案查处省属国有企业省管干部20人,其中移送司法机关10人。手莫伸,伸手必被捉!这批国企"蛀虫"的落马，成为甘肃深入推进国有企业反腐的鲜明注脚。

第二，深挖病灶，剖析腐败原因，防止腐败现象再度发生。在国有企业反腐败工作中，甘肃省坚持惩腐开路、层层推进、分类处置、边查边改、以案促治，推动国企领域政治生态全面修复、巩固提升。国有企业腐败案件被查处后，如何做好案件查办"后半篇文章"，深度剖析产生腐败现象的原因，做细做实腐败惩戒工作，成为一项重要而紧迫的课题。针对查处过程中发现和暴露出的突出问题，甘肃省纪委监委既注重全面梳理、找全找准，又抓紧查找根源、弄清弄透，提出有针对性、实效性和可操作性的意见，为深入整改、系统施治提供科学可靠的依据。

随着甘肃电投系列腐败案的陆续查处，从2021年11月中旬开始，省纪委监委第十审查调查室组建工作小组，梳理腐败问题，剖析腐败原因。经过深度梳理，省纪委监委已初步归纳出全面从严治党不力、执行中央八项规定精神不到位、民主集中制破坏严重、选人用人存在严重问题、盲目决策投资项目、项目招投标及物资采购管理不规范、企业内部管理混乱等多个方面突出问题。在省属国企日常监督工作中，省纪委监委建立问题清单和台账，分类分层梳理和明确监督内容,并督促相关派驻机构和23家省属国有企业纪检监察机构聚焦国资国企廉洁风险防控,建立日常监督清单,做到有的放矢。同时,注重发现苗头性、倾向性问题,综合运用约谈、下发纪检监察建议书等方式,督促职能部门或企业将问题整改落实到位。经督查,23家省属企业自查督改共发现问题467个,466个已整改完毕,共问责471人,清退追缴违规发放资金1800多万元。此外,国企中存在的违纪违法问题,必须从严整治,一刻也不能放松。正是基于这样的认识,省纪委监委紧盯2020年国企突出问题专项整治中需持续整改的13户企业45项问题,定期或不定期进行督改。目前,20项重难点问题已整改到位,25项正在持续推进。下一步,省纪委监委将与省电投集团党委、纪委及省直相关职能部门共同研究,达成共识后,采取清除遗毒、加强党建、警示教育、召开专题民主生活会等方式系统施治,为省属国有企业净化修复政治生态提供可借鉴的模式。

第三,加强党员干部廉政教育和警示教育,警钟长鸣,增强不想腐的自觉。"世上没有卖后悔药的,类似于我这种情况的人,不管职务高低,要赶紧悬崖勒马,警钟长鸣,一定要吸取我的教训,千万不能再做这种对不起党、对不起组织、对不起职工的事情了。"在警示教育片《国企蛀虫》中,甘肃省农垦集团有限公司原党委书记、董事长面对镜头深深忏悔。甘肃省纪委监委不断加强对党员干部的廉政和警示教育,主要负责同志每年对包括国企管理人员在内的新任省管干部进行集体廉政谈话,打好拒腐防变"预防针"。同时,充分运用查处的"活教材",对典型个案和类案进行深度剖析,印发典型案件通报,编印《反腐败警示录》,摄制《国企蛀虫》《饕餮巨贪》等警示教育片,用"案中人"警醒"身边人",达到查处一案、警醒一片、教育一方的效果。在省纪委监委示范引领下,全省各级纪检监察机关和企业纪检监察机构因地制宜,广泛开展多种形式的教育活动,引导国有企业人员不做旁观者,汲取教训,引以为戒。甘肃省城乡发展投资集团纪委组织200余名党员干部专题学习甘肃省农村信用社联合社原理事长腐败案警示材料,以"国企案"警示"国企人"。该集团纪委还组织编印《典型案例警示录》《党员廉洁知识手册》等,收录国有企业典型腐败案例80余起,教育引导企业各级党员领导干部筑牢廉洁自律防线。酒钢集团公司举办警示教育大会,运用身边腐败案例,为党员领导干部敲警钟、明底线。"看到视频中曾经的同事声泪俱下地忏悔,我很受触动。我一定会时刻警醒自己,以案为鉴，对职工负责，对自己负责，对家人负责。"观看警示教育片后，酒钢集团公司一名领导干部有感而发。该公司纪委还深刻剖析酒钢下属润源公司原副总经理违纪违法案产生的根源，梳理分析存在的突出问题，从中总结教训，与嘉峪关市纪委监委联合拍摄成警示教育片《"靠企吃企"的"蛀虫"》。

案例启示

深入开展腐败惩戒工作既要治标，又要治本。一方面要通过建立"黑名单"等惩戒制度，将惩戒工作纳入制度的轨道，另一方面要深挖造成腐败的原因，防止腐败现象"春风吹又生"，同时要长鸣警钟，增强不想腐的自觉，让惩戒工作既能形成有效震慑，又能"惩前毖后，治病救人"。

1. 建立完善的惩戒制度

建立完善的惩戒制度是压实腐败惩戒工作的重要保证，是推进企业清廉建设成效、促进企业健康持续发展的有效途径。建立完善的惩戒制度需要理清工作思路，深入企业内部了解反腐工作痛点与工作重点，统筹协调多方力量开展惩戒工作，形成惩戒合力。同时还要有敢于较真的精神，正视存在的问题，积极主动地把相关工作做实做细，做出成绩。

行贿人"黑名单"制度是来宾市一体推进"三不腐"取得的制度性成果之一，由来宾市纪检监察机关负责收集整理依法依规认定有行贿行为的单位和个人的信息，按情形分成"黑名单""灰名单""备忘录"三类数据库。不仅如此，来宾市纪检监察机关还会定期向发改、政数等行业主管部门推送行贿人信息，有关部门将信息录入"信用来宾"等社会诚信体系平台，依法提供信息共享和查询服务。以此将多次行贿、巨额行贿、严重扰乱市场秩序的企业和个人依法纳入惩戒范围，作为招投标、政府采购、行业准入、信贷管理等方面资质资格审查的必经"关口"。

2. 深挖病灶，提高自觉

压实腐败惩戒工作，除了建立完善惩戒制度，依法依规实施惩戒外，还需标本兼治，针对企业腐败的原因进行深入挖掘，从源头上消灭腐败现象。甘肃省纪委监委针对当地国企中发生的一系列腐败现象，在进行了惩戒后，继续深挖病灶，初步归纳出全面从严治党不力、选人用人存在严重问题、盲目决策投资项目、企业内部管理混乱等多个方面的问题，并提出利用建立问题清单和台账、综合运用约谈、下发纪检监察建议书等方式进行改进，既注重全面梳理、找全找准，又抓紧查找根源、弄清弄透，提出有针对性、实效性和可操作性的意见，为深入整改、系统施治提供科学可靠的依据。

不仅如此，企业还应加强警示教育，提高企业成员的法治观念与廉洁自律意识，在企业中营造"三不敢"的风清气正的政治生态。甘肃省纪委监委在进行惩戒的同时注重加强党员干部廉政教育和警示教育，通过编印《典型案例警示录》《党员廉洁知识手册》，拍摄警示教育片《"靠企吃企"的"蛀虫"》等，教育引导企业各级党员领导干部筑牢廉洁自律防线，达到查处一案、警醒一片、教育一方的效果。

第三节　以案为鉴推动企业整改治理

在对清廉企业建设成效进行评估，并依法依规对需要惩戒的对象实施惩戒后，便需要针对评估惩戒中发现的问题进行整改治理，真正落实清廉企业建设成效。已经发生的腐败案例，尤其是典型案例或身边人身边事具有直观的展示效果和真实的触动作用，可以发挥较强的警示效用，因此，企业清廉建设过程中进行整改和治理要充分借用警示案例，以案为鉴，以案促改。

企业一方面要通过多种形式向企业成员介绍腐败案例，展示腐败人员事后的忏悔与反思，用身边的反面教材敲响警钟，筑牢不敢腐、不能腐、不想腐的思想防线；另一方面要注重从过往案例中总结经验教训，了解腐败产生的原因，并有针对性地完善相关制度，堵塞漏洞，改进问题，做到精准施治，防患于未然。

> **案例1　以案为鉴筑防线　助推清廉企业建设**
>
> （来源：来宾市纪检监察官方网站　2022年3月6日）

来宾市国资委按照市委关于推进清廉来宾建设的要求，持续加强廉政警示教育和推进清廉企业文化建设，把清廉企业建设融入企业深化改革和经营管理全过程，坚定不移把党风廉政建设和反腐斗争进行到底，着力打造与现代企业制度相适应、与惩防体系和清廉文化相协调的清廉企业，以案为鉴，以案促改，敲响警钟，筑牢防线。

以案为鉴，敲响不敢腐，不能腐，不想腐的警钟。2022年2月28日，来宾市国资委组织20多名党员干部、中层以上领导观看《以案为鉴 警钟长鸣——来宾市违纪违法干部忏悔录》警示教育片。警示教育片充分体现了市委坚决把反腐败斗争进行到底的鲜明态度，"片中人"严重违纪违法的经历与忏悔提示党员干部要深刻汲取教训，对标查找问题，企业也需不断扎牢制度的笼子，统筹推进清廉机关清廉企业建设。市国资委一名干部在观看警示教育片后感慨地说道："片中的违纪违法干部原来是我身边的领导，曾经也和我一样坐在这里看警示教育片，如今却因为违纪违法被处理，变成了'片中人'，他们触目惊心的腐败情节、声泪俱下的忏悔场面令我感触很深。"为扎实开展反腐倡廉宣传教育，促进企业廉洁从业，2022年3月1日，来宾市国资委召开国企系统基层党组织书记落实党风廉政建设工作述职述廉会议，市属20多家国有企业50多名党员干部参加会议。驻市财政局纪检监察组以此会议为契机，开展"以案为鉴、以案明纪、以案促改"廉政提醒，为国资国企党员干部敲响警钟。

以案促改，筑牢国企拒腐防线。驻市财政局纪检监察组一方面开展廉洁谈话，要求国企学习法律法规，提高思想防线。驻市财政局纪检监察组负责人在作廉政谈话提醒时指出："各投资集团涉及项目多、资金量大、覆盖广，特别容易滋生腐败问题。近年来，国企系统连续发生多起腐败案件，对我们震撼很大、教育很深。大家一定要严格遵守党纪国法，认真学习《中国共产党纪律处分条例》《廉政准则》等法律法规，对什么事不能做，什么场所不能进，要做到心中有数。在思想深处亮起红灯，坚定正确的政治方向，培养健康的生活情趣，保持高尚的精神追求，筑牢拒腐防线。"另一方面要求国企以案明纪，加强企业内部监管，防范清廉风险。面对国企中出现的腐败乱象，企业应坚持问题导向，深刻剖析案发的深层次原因，把原因找准、问题挖透，找准努力方向，才能真正达到以案促改目的。企业要始终把党的领导融入公司治理的各环节，加强企业内部监督管理，强化对重要岗位、重点环节及项目建设过程中的廉政风险防控，建立科学有效的公司治理机制，不断完善对权力运行的制约和监督，一体推进不敢腐、不能腐、不想腐的总目标，把"严"的主基调长期坚持下去。

来宾市国资委从腐败案例出发，通过组织观看警示教育片、召开述职述廉会议，为国资国企党员干部敲响了警钟，提高了国企党员干部的思想觉悟；通过开展廉洁谈话、强化企业监管，有效筑牢了防腐拒变的防线，推动企业积极整改，落实清廉企业建设成果。

> **案例2 严查"靠企吃企"蛀虫 深化以案促改以案促治 营造国企良好政治生态**
> （来源：中共中央纪委国家监委官方网站2022年8月23日）

国有企业是社会主义市场经济的重要支柱，是国民经济的"稳定器"。各级纪检监察机关贯彻落实十九届中央纪委六次全会部署，坚持一体推进"三不腐"，深化国企反腐败工作，紧盯国企领导干部权钱交易、啃食国有资产问题，严肃查处"靠企吃企"、损公肥私的"蛀虫"，并深入推进以案促改、以案促治，为国企高质量发展营造良好政治生态。云南省交通投资建设集团有限公司（以下简称云南省交投集团）是云南省省属大型国企，是云南综合交通体系建设主力军、云南综合交通投融资主平台，资产总额超过6700亿元，运营管养高速公路5600余千米。然而，近年来该集团"靠企吃企"腐败问题多发,部分下属单位成为违纪违法"重灾区",一批滥用职权、利益输送等腐败问题被严肃查处。在云南省纪委监委的指导下,云南省交投集团纪委围绕案件暴露出的落实管党治党责任不力、管理制度缺失、监督空转等方面存在薄弱环节等问题,多措并举督促集团各级党组织开展以案促改、堵塞制度漏洞,涵养国企良好政治生态。

一、树立典型,以案为鉴梳理腐败现象

云南省交投集团产业涵盖公路、水运、航空等综合交通的规划设计、投资建设、运营管理、经营开发、物资贸易、交通科技等全产业链领域。政策支持力度大、投资密集、资源集中,被监督对象基数大、生产经营板块多、资金投入高,一些管理人员缺乏国有资产"看门人"意识,不作为、乱作为,甚至以权谋私,廉政风险隐患大。仅2021年以来就已查处严重违纪违法并涉嫌犯罪19人,涉及公路建设、市政工程、现代物流等多个经营板块,其中不乏业务"骨干"、工作"能人",如临沧机场高速公路施工项目部项目经理米某某、云南省交投集团原督查督导员胡某某等。

"米某某、胡某某等人是我省公路建设领域的腐败典型，也是资金密集、权力集中领域的腐败典型，反映出云南省交投集团在管党治党、制度建设、人才队伍等方面存在的问题。"云南省交投集团纪委有关同志介绍。米某某在进入国企前一直在民营企业从事建筑施工工作，对建筑工程领域的一些"潜规则"和行业特点十分熟悉。在米某某看来，伸手向劳务队伍老板要钱是这个行业的"规矩"，你给我"意思意思"，我才能给你"方便方便"，好像只有这样，工程才能顺利推进。在他看来有利可图的环节和业务中，米某某运用自己的"丰富经验"，采取各种"盘外招"，运用各种"潜规则"，想方设法地把国有企业资产从监管中剥离出来，形成"账外账""小金库"。米某某在进入国有企业工作之后，思想观念、身份观念没有转变过来，非但没有接受国有企业纪律规矩的约束，反而把行业中的一些不规范甚至是非法的管理手段带到了国有企业，所以出现了不该管的乱管，该管的不管等问题。在应对管理难题、施工问题的时候，米某某不是从规章制度中找依据，而更多的是从"潜规则"中找办法。一个环节不规范甚至滥用职权造成漏洞，他就以更多的不规范和滥用职权来弥补，导致项目管理越管越乱，漏洞越管越多。最终，由于其不正确履行职责致使国有资产遭受重大损失，经专项审计鉴定造成国有资产超付款2000余万元。2021年10月，责令解除米某某劳动合同。11月，其涉嫌犯罪问题移送检察机关依法处理。

与米某某类似，胡某某也在公路管理系统工作多年，他的工作经历复杂，在国有企业和民营企业之间反复腾挪。办案人员介绍，胡某某思想上的公私界限模糊，始终没有把自己看作国有资产的"看门人"，而是陷在了民营企业"老板"这样的角色里。在工程项目建设过程中，胡某某既是"组织员"，又是"运动员"，还充当"裁判员"，不讲组织原则，决策主观武断，不经过组织研究就将工程项目交给私营企业主，多次非法收受他人财物，包括房产、车辆等折合人民币953.62万元。2021年12月，胡某某被开除党籍、开除公职，其涉嫌犯罪问题移送检察机关依法处理。

二、深度剖析，探索企业腐败原因

剖析米某某、胡某某等人的腐败问题，病因首先是党的领导弱化、党的建设缺失、全面从严治党不力、监督约束不到位。同时也反映出云南省交投集团部分下属企业存在选人用人把关不严、教育管理滞后，制度建设、监督约束不足，一些涉及关键环节的制度甚至形同虚设的问题。云南省交投集团纪委有关部门负责人介绍："比如劳务招募的管理办法，各建设板块工程款的拨付支付中一些具体制度由各二、三级公司自己制定，水平参差不齐，某些条款之间存在矛盾，有些甚至前言不搭后语。"这也导致下属公司对制度重视程度不够，执行不到位。

据了解，近年来云南省交投集团发展较快。然而，在爆发式增长的同时，制度建设、监督约束却没有同步跟上，这导致一些领导干部在工程承揽、物资供应、款项拨付等关键环节钻空子，打擦边球，损公肥私。该集团纪委有关同志介绍，在交通工程建设领域，越往下资金越密集、资源越富集，但监督却是越往上越严、越往下越松，呈倒挂的特点，被查处的19人中，有17人属于集团下属企业。下属二、三级公司监督力量薄弱，导致了违规决策、任性决策等问题突出，"三重一大"事项决策不规范。"有的制度表面上看起来是在执行，检查时台账材料摞得整整齐齐，但实际上有些都是虚假材料。"办案人员介绍。有的领导干部还带头破坏民主集中制，在对某些工程项目行使决策权、规划权、审批权时，说是进行了集体研究，但经过查证，根本没有进行过任何集体研究。

此外，部分领导干部思想意识出了问题，身份错位，三观不正，总开关失守也是导致腐败乱象的重要原因。在人才队伍方面，云南省交投集团像米某某、胡某某等工作经历复杂的领导干部不在少数。在进入国企工作后，有的企业党组织没有及时做好相应的思想政治教育，平时的监督管理也没有跟上，有的人对自己作为党的干部的意识十分淡薄，对自己是在党领导下的国有企业工作认识不到位，身份错位、笃信"潜规则"，因此出现了"上级带下级""后任接前任"圈子式的组团腐败和违纪违法情况。

三、以案促改，确保反腐建设贯彻落实

云南省交投集团党委以案示警，廓清"案中人"离自己还远的错误认识，健全完善企业决策、内控、合规管理制度，堵住违规分包、违法转包等管理漏洞。"明年我就退休了，如果没有这些事，明年退休以后可以好好地跟家人在一起，现在什么也没有了……"2022年6月10日上午，云南省交投集团党委召开了"以案促改警示教育大会"，曾经为大家所熟识的人在警示教育片《筑路人的"不归路"》里现身说法。会议通报并剖析了近年来集团公司查处的违纪违法典型案例，各层级领导干部、关键岗位人员近4000人参加，共同接受警示教育。集团党委、纪委一方面在案发单位进行现场警示教育，另一方面将"以案促改警示教育大会"开到二、三级公司及项目部、工区等一线单位，以到现场、到一线、到基层的方式，突出"身边人""身边事""近距离"，充分发挥警示效果。

在以案促改过程中，云南省交投集团建立了党委统筹指挥、党委主要负责人负总责、班子成员分工推进，纪委组织协调、职能部门协同配合、责任单位具体落实的工作机制。集团党委推进实施讲政治、明责任、抓整改等9个专项工程，着力打造"清廉交投"品牌，推进以案促改常态化、长效化。集团纪委派出6个监督检查组对48个单位（部门）开展2轮监督检查、发现并督促纠正整改推进不力等问题35个。为推动监督重心下移、消除一线监督空白，云南省交投集团党委、纪委通过完善二级单位纪委、向三级单位设置派驻纪检组等方式推进纪检监察体制改革。改革全面落地后，集团所属各级单位纪检监察机构设置、人员配备得到健全和加强，与监督任务基本匹配，一线监督工作得到极大改观。据介绍，集团纪委聚焦突出问题发出《纪律检查建议书》《纪检监察建议书》12份、提出整改意见建议51条，督促责任单位以案为鉴、加强管理、完善制度。

针对查处的腐败案件暴露出的管理漏洞，如违规分包、违法转包、企业公职人员违规经商办企业等，云南省交投集团着重从员工管理、劳务招募、招标采购、工程项目结算支付、薪酬管理等方面系统梳理和修订完善制度，目前已健全完善劳务招募"一随机三公开"和"黑名单"等规章制度共58项，还明确了集团员工禁业范围和回避规定，制定了人力资源管理风险清单等。此外，针对某些制度由二、三级公司自行制定，标准不统一、质量参差不齐等问题，集团统一制定并印发了相关制度。为进一步防止"道路修起来，干部倒下去"，云南省交投集团进一步完善了集团及所属二级企业"三重一大"决策制度，企业党委前置研究、董事会决策、经理层执行事项"三张清单"基本实现全覆盖，集团及二级企业向下属企业选派105名外部董事。同时，完善权责体系，建立了延伸至末级企业的全覆盖内控评价机制，企业决策、内控、合规管理制度进一步健全完善。

云南省交投集团各级党组织、纪检监察机构统一思想，将一体推进"三不腐"要求贯穿案件查办全过程，推动办案、警示、整改、治理一体贯通，坚持标本兼治、消除隐患、化解风险，做好以案促改、以案促治，促进政治生态向上向善。

> 案例启示

以案为鉴推动企业整改治理，既要通过多种形式推进企业成员了解各类警示案件，又要注重充分汲取教训积极落实企业整改。

1. 多种形式推进了解警示案件

在以案促改推进企业清廉建设的过程中，首先便是让企业成员们充分了解各类腐败案件。企业可以通过组织观看警示教育片、召开警示教育大会等方式，以通俗易懂、简单明了的方式向员工们展示腐败案件发生的起因、经过、惩戒措施以及腐败人员事后的忏悔，让企业成员感受到腐败带来的危害，充分吸取腐败案例的教训，做到自重、自省、自警、自励，切实筑牢拒腐防变的思想防线。

云南省交投集团党委以案示警，召开了"以案促改警示教育大会"，通报并剖析了近年来集团公司查处的违纪违法典型案例，各层级领导干部、关键岗位人员共同接受警示教育。集团党委、纪委一方面在案发单位进行现场警示教育，另一方面将"以案促改警示教育大会"开到二、三级公司及项目部、工区等一线单位，突出身边人、身边事、近距离，廓清"案中人"离自己还远的错误认识。来宾市国资委组织党员干部、中层以上领导观看警示教育片，提示党员干部要深刻汲取教训，企业也需不断扎牢制度的笼子；召开国企系统基层党组织书记落实党风廉政建设工作述职述廉会议，对国企党组织书记开展廉政提醒，为国资国企党员干部敲响警钟。

2. 以案为鉴积极落实企业整改

清廉企业建设需将"严"字贯穿始终，在全面从严治企、正风肃纪的同时，以案为鉴，深刻剖析案发原因，查找制度漏洞、短板和弱项，逐个解决影响企业健康发展的问题和症结，最大限度压缩滋生腐败的空间，不断净化企业发展环境和政治生态，杜绝腐败再度发生。云南省交投集团针对查处的腐败案件暴露出的管理漏洞，着重从员工管理、劳务招募、工程项目结算支付、薪酬管理等方面系统梳理和修订完善制度，健全完善劳务招募"一随机三公开"和"黑名单"等规章制度，明确了集团员工禁业范围和回避规定，制定了人力资源管理风险清单等；进一步完善了集团及所属二级企业"三重一大"决策制度，同时完善权责体系，建立了延伸至末级企业的全覆盖内控评价机制，企业决策、内控、合规管理制度进一步健全完善；针对某些制度由二、三级公司自行制定，标准不统一、质量参差不齐等问题，集团统一制定并印发了相关制度。

小　结

本章聚焦推进企业加强整改治理，保障清廉企业建设效果，从科学评估清廉企业建设成效、依法依规压实腐败惩戒工作和以案为鉴推动企业整改治理三方面入手，论述如何建立健全清廉企业建设成效评估机制，最大程度上实现对清廉建设效果的科学检验，如何完善腐败惩戒机制，确保能切实惩戒腐败乱象，如何以案为鉴助力企业找准病灶、精准发力，实现以案促改。

科学评估清廉企业建设成效，要调动多主体参与，既发挥政府的统筹协调与领导作用，建立起总体性的清廉企业建设评价指标体系，为企业制定详细的评价指标提供参考，又要求企业根据自身实际情况，建立起适用于本企业的清廉企业建设评价指标；要建立起清廉企业建设成效评估机制，运用分数或指标等方式，让清廉企业建设成效可量化、进度可衡量、质效可考评，形成有重点、有层次、分阶段、重整改的工作方案。在评估清廉建设成效之后，针对企业存在的腐败问题，一方面要依法依规压实企业腐败惩戒工作，通过建立惩戒"黑名单"等制度，将惩戒工作纳入制度的轨道，增强企业成员不想腐的自觉，提高企业成员的法治观念与廉洁自律意识。另一方面要以案为鉴推动企业整改治理，通过观看警示教育片、召开警示教育大会等多种形式，帮助企业成员了解警示案件，感受腐败的危害，筑牢思想防线，同时注意剖析案发原因，查找清廉漏洞，完善相关制度，改进相关问题，切实保障清廉企业建设成效。

结　论

建设清廉企业是国家开展清廉建设的重要内容，也是企业高质量发展的重要保障。近年来，许多省市都提出了建设清廉城市的要求，如浙江省提出建设"清廉浙江"，山西省提出建设"清廉山西"等。建设清廉城市是一项长期、复杂、艰巨的系统性工程，为此，要紧紧抓住重要单元之一——企业，扎实开展清廉企业创建，引导企业清廉经营，着力构建良好政治生态，不断优化营商环境，培育更有活力、创造力和竞争力的清廉市场主体，形成示范一个、带动一片、发展一方的新格局，让清廉企业成为建设清廉城市的重要支撑。

在建设清廉企业的过程中，要始终贯彻"一个理念"，从"六个方向"出发，全方位开展清廉建设。"一个理念"即守正创新的理念。"守正"是指企业要坚守健康发展、清正廉洁的正道，守住国家法律法规、党纪党章的红线，守住企业规章制度的底线，坚守企业建设的初心，提高清廉建设的决心。"创新"是指在清廉建设过程中企业要不断进行理论创新和实践创新，促进企业各项清廉制度、清廉措施的不断发展、完善与成熟。"守正"与"创新"二者相辅相成、辩证统一，坚持"守正""创新"才有正确方向，不断"创新""守正"才能固本强基。"六个方向"是指企业应从党风廉政建设、清廉制度机制建设、重点领域环节治理、清廉文化建设、企业监督工作与企业整改治理六个方面出发，全方位开展清廉建设，让企业以廉为本、以廉铸魂，让企业成员以廉立身、以廉润心、以廉促行、以廉律人，全面实现以廉兴企。

建设清廉企业最根本的是要坚持中国共产党的领导，充分发挥党组织的政治核心作用和组织领导功能。本书指出建设清廉企业首先应强化党对企业全面领导，推进企业党风廉政建设。具体来看，企业应把党的领导融入公司治理各环节，从领导班子入手推进党风廉政建设，不断丰富党风廉政建设形式载体，为清廉企业建设"融根铸魂"，让党统领清廉企业的建设方向。首先，要把党的领导融入公司治理各环节。企业不仅需要推动党的领导嵌入清廉公司的治理体系，让党建工作与企业的生产经营深度融合，还要着力推动党建文化融入清廉企业建设文化，加强党领导下的清廉企业思想建设，将党的精神与清廉企业建设精神有机融合。其次，要从领导班子入手加强党风廉政建设。完善干部选任、管理与监督机制，严肃公司选拔方式，加强对领导干部的管理与监督，着力提高领导干部政治素养，增强领导干部的廉洁意识。最后，要不断改进党风廉政建设的形式载体。充分发挥企业成员"身边人"的作用，督促员工不断学习党风廉政知识，积极打造清廉文化宣传教育阵地，推动党风廉政文化进入企业员工日常生活。

在坚持党对企业的全面领导下，企业应当聚焦制度建设，完善企业清廉规章制度，建立企业清廉长效机制，为清廉建设提供制度机制保障。完善清廉规章制度，既要长鸣法律"警戒钟"，加强法治建设，提升法治意识，严格遵守相关法律规定；也要用好政策"指南针"，认真学习贯彻党和国家各项方针政策，坚定落实当地政府各项工作部署，并根据企业的实际情况制定明确具体的条例细则，细化为可落实的实践方案。建立清廉长效机制，一要通过出台完善相关制度规定，紧抓建设与生产经营关键点，建立严格的内控反腐机制；二要建立完善的权力制衡与监督机制，防止权力滥用，防范化解企业腐败及其他重大风险。在制度建设中，企业要特别注重加强对领导班子的制度规定，通过组织领导干部签订《廉洁从业承诺书》等方式，规范领导干部的权力行使，国有企业要加强对《国有企业领导人员廉洁从业若干规定》的学习和落实，推进领导班子廉政教育和建设。

有了完善的规章制度和长效机制的规范，企业各部门、各主体就应当在制度的范围内合理运行与行使权力。为此，企业需要不断加强各部门清廉治理，确保各主体责任落实，凝聚清廉建设的强大合力。加强部门清廉建设，需要从部门工作的全流程入手，使得不同部门能够最大程度防范清廉风险的出现，需要压实关键部门从业人员的主体责任，促使员工肩负使命、清正办事。加强主体清廉建设，要发挥企业领导干部的带动性，着力构建"亲""清"政商关系，把握"亲""清"二字。"亲"是指企业要与政府保持沟通联系，承担社会责任，在为政府工作提出建议的同时，也让政府了解到企业的发展现状，助力企业发展；"清"是指企业领导干部要清正有为，不搞权钱交易，不与政府做利益输送，自觉发挥榜样作用，助推公司清廉建设。要加强企业成员的整体廉洁建设，完善人事管理制度，建立自上而下的管理体系，制定详细的人事管理实施细则，构建责任监督制约机制，引导员工在制度的范围内行事；加强对企业员工的教育，通过预防教育、文化教育和警示教育，引导企业员工自觉遵纪守法，为公司清廉建设贡献个人力量。

　　清廉文化是企业精神文明建设的重要内容，也是塑造清廉企业风气、维护和谐劳动关系的重要保障。企业不仅需要提高自身清廉建设硬实力，还需重视提高自身软实力，不断加强清廉文化建设，因地制宜培育企业清廉文化，丰富创新企业清廉文化载体，组织开展企业清廉文化活动，加强领导班子清廉文化建设，使廉洁从业成为广大企业成员的共同理念。首先，企业要因地制宜培育清廉文化，将历史资源与清廉文化有机结合，用好历史典故、红色文化、家风家训等鲜活历史资源，推动企业清廉文化建设"实"起来，将地域文化与清廉文化有机结合，运用地区特色文化，提高员工对廉洁教育的接受度和认同感，推进清廉文化建设深入展开。其次，企业要丰富创新清廉文化载体，加强清廉文化硬件设施建设，如清廉文化教育基地、清廉文化园等，让员工身处其中，更好地接受清廉教育。完善清廉文化"软"载体，从日常生活与细节入手，邀请员工参与清廉书法展、剪纸展等，以潜移默化的方式，让员工接受清廉文化浸染。

再次，企业要组织开展清廉文化活动，通过开展宣传教育类活动，如讲座、交流会、歌曲演唱等，宣传清廉文化的相关知识，筑牢员工的思想防线。通过开展以赛促学类活动，调动企业员工学习清廉文化，参与清廉竞赛的积极性，让清廉文化深入人心。最后，企业要加强领导班子清廉文化建设，打造清廉文化学习阵地，加强清廉文化宣传教育，为领导干部带头推进清廉文化建设提供强有力的思想保证。

加强监督是清廉企业建设的重要一环。企业应高效推进全面监督，加强监督工作，让清廉在企业内部蔚然成风。首先，要调动多主体参与企业监督的积极性，发动企业内外部主体共同参与监督。落实企业内部监督主体的责任，充分发挥企业党委及纪检机构、领导干部等主体更了解公司组织架构和工作流程的优势，更好地发现企业内部出现的清廉风险漏洞。强化企业外部监督主体的作用，按照要求自觉向外部监督主体披露或报告经营管理情况，构建多位一体的大监督体系，提升监督效力。其次，要全链条加强企业监督，既要加强事前、事中、事后监管，在事前健全风险预警机制，在事中通过嵌入式监督规范企业成员的权力行使，在事后建立长效监督机制，填补好监督漏洞，打造起全链条的监督体系。又要加强对"一把手"和领导班子的监督,完善领导班子监督制度,抓紧对"一把手"的日常监督,同时开展专项治理,规范领导干部的权力行使。最后,要通过数字化方式提升监督质效,建立数字化监督平台,实现对企业的精准式监督、智能化预警,积极探索信息化与监督工作的深度融合,弥补企业监管短板,使数字化优势赋能企业治理。

在采取了以上一系列清廉建设举措后,企业需要进行清廉建设成效评估,并针对存在的问题加强整改治理,确保各项清廉举措在企业中得到贯彻落实,保障清廉建设效果。科学评估清廉建设成效,需要动员多主体的积极参与,先由政府推进建立清廉企业建设评价指标体系,严格把控清廉企业建设总体方向,随后企业根据自身实际情况,建立起针对性强、可操作性强、适用于本企业的清廉企业建设评价指标;需要构建清廉企业建设成效评估体系,建立不同层次的评价维度和具体的评价指标,形成有重点、有层次、分阶段、重整改的工作方案。在评估企业清廉建设成效之后,针对存在的问题,一方面要依法依规压实腐败惩戒工作,通过建立完善的惩戒制度,如"黑名单"制度等,将惩戒工作纳入制度的轨道,使其成为推动依制治企、建设清廉企业的重要抓手,提高企业成员不想腐的自觉。另一方面要以案为鉴推动整改治理。运用多种形式推进企业成员了解警示案件，如观看警示教育片、召开警示教育大会等，筑牢思想防线。深刻剖析案发的深层次原因，查找制度漏洞、短板和弱项，并逐个解决，防止腐败再度发生。

清廉建设能够提高企业成员的思想道德素质，在企业内部形成清正之风；清廉建设能够推动企业可持续发展，使企业走上稳进的高质量发展之路；清廉建设还能够改善社会的经济发展环境，促进社会和谐稳定。清廉企业建设是一项长期的战略任务，企业需要始终坚持党对清廉企业建设的全面领导，把清廉制度、清廉文化、清廉纪律等全面融入企业经营发展中，让"清廉因子"深度植根于企业当中，让清廉在企业内部生根发芽，为企业健康发展提供源源不断的"廉动力"。

后　　记

本书是为了探索清廉企业建设的路径，激活企业发展的清廉力量，助推社会经济高质量发展而编写的。全书围绕清廉企业建设的主题，从企业党风廉政建设、企业清廉制度机制建设、企业关键领域主体治理、企业清廉文化建设、企业监督工作与企业整改治理六个专题出发，选取了各地区具有典型性、代表性的清廉企业建设现实案例进行整理汇编，并对其值得借鉴的部分进行分析总结，旨在为企业全方位开展清廉建设提供整体思路与现实借鉴，助力培育更有活力、创造力和竞争力的清廉市场主体。

本书是集体创作的成果。编写者主要为山西大学新闻学院师生。庞慧敏教授和常媛媛老师总体设计了全书框架，组织了案例收集、初稿创作工作，并对全书进行了修改。研究生王宇薇参与了案例收集和写作工作。本书的出版得到山西教育出版社的支持，编辑为本书修改校对付出了大量劳动。在即将出版之际，再一次感谢编写团队的辛勤付出。

在编写过程中，编写组通过多种渠道查阅了大量有关清廉企业建设的文件、理论成果和公开报道材料，挖掘了许多企业在清廉建设过程中的典型案例经验，这些内容都为本书的创作提供了思路与材料，并为完成本书奠定了坚实的基础。本书对清廉企业建设的路径进行了较为全面且深入的分析，但由于水平有限，难免有所疏漏，在这里恳请各位读者批评指正。

我们期望本书的出版能够为广大企业开展清廉建设提供实际可借鉴、可操作的方案，将清廉基因注入企业当中，让企业走上稳进的高质量发展之路，为全面建设社会主义现代化国家增添清廉动力。